Wolfgang Metz

Österliche Unruhe

Wolfgang Metz

# Österliche Unruhe

## Ein geistliches Tagebuch von Aschermittwoch bis Pfingsten

echter

*„Was ich fühle, sehe und so weiter,*
*das weiß ich oder glaube ich zu wissen,*
*nur wie ich es zu entschlüsseln habe,*
*worin der Sinn dieses oder jenes Erlebens liegt,*
*das wird oft dunkler,*
*je mehr es zu bedeuten scheint.*
*Nur deshalb schreibe ich und nur dort,*
*in den kleinen Dingen,*
*wo ich etwas Gesehenes, Gehörtes, Gefühltes*
*nicht verstehe."*

Aus: Navid Kermani, Sozusagen Paris,

# Inhalt

# Vorwort

Das Leben ist Veränderung.
Veränderungen gehören in der Regel aber leider nicht zu den Lieblingsbeschäftigungen der meisten Menschen. Oft tun wir so, als wollten wir uns verändern, aber in Wirklichkeit sind große Veränderungen für viele Menschen meist nur schwer zu ertragen.
Corona hat z. B. sehr viel verändert. Gezwungenermaßen. Geschlossene Grenzen, Kontaktverbot, Hamsterkäufe, Abstandsregeln, Maskengebote, Kinder, die zu Hause bleiben mussten, u. v. m.
Wer hätte vor Corona gedacht, dass wir uns in Deutschland innerhalb von so kurzer Zeit mit all diesen Dingen nicht nur beschäftigen, sondern sogar damit leben müssen. Gar nicht zu sprechen von den wirtschaftlichen Sorgen, Unsicherheiten und Dramen, die sich dadurch abgespielt haben und deren Nachwirkungen uns und die ganze Welt noch lange beschäftigen werden.
Ich weiß, dass ich als katholischer Priester im Reden und Schreiben über diese ganze Situation vorsichtig sein muss, weil ich sehr privilegiert bin. Nicht, weil ich Priester bin, denn das hat erst einmal nichts mit einem Privileg, sondern erst einmal einfach mit einer Aufgabe und einer Lebensform zu tun. Vor allem anderen hat es aber in diesem Fall damit zu tun, dass ich als deutscher, katholischer Priester einer deutschen, wohlsituierten katholischen Kirche angehöre und dadurch im Gegensatz zu vielen anderen Menschen in Deutschland, die in Kurzarbeit sind oder sogar um ihre Existenz bangen müssen, finanziell abgesichert

bin und dass ich durch meine Lebensform keine Kinder habe, d. h. die elterliche Not durch Kita- und Schulschließungen mich auch nicht persönlich betrifft.
Corona hat mir natürlich auch vieles in meinem Arbeiten und Organisieren abverlangt, aber es hat mir auch sehr viel Zeit geschenkt. Zeit zu denken, zu beten, Gott zu erahnen und zu treffen, Einsamkeit und Alleinsein zu erfahren, und mitten in alldem hat sich im Schlepptau dieses Virus eine Muse bei mir eingeschlichen, die mich zum Schreiben animiert hat und dieses Buch hervorgebracht hat.

Aber dies ist kein Buch über Corona.
Die folgenden Worte erzählen zwar an der einen oder anderen Stelle immer wieder konkret etwas von dieser Zeit im Frühjahr 2020, aber in Wirklichkeit erzählen sie viel mehr von der Sehnsucht nach und der Verkostung von Leben, von Wahrnehmungen und Enttäuschungen und schlussendlich von der Suche nach Gott in alldem.
Diese Suche folgte keiner Systematik. Sie war in diesem Fall ein Weg, der sich in Form eines Tagebuches niedergeschrieben hat, und wie bei jedem Weg kann einem bei jedem Schritt etwas anders begegnen, und wie bei vielen Tagebüchern gibt es nicht jeden Tag einen Eintrag. So ist es eben im Leben.
Trotz allem Situativen gibt es aber auf jedem Weg auch immer wieder bestimmte Fixpunkte und Hinweisschilder. Die Sonntage sind für mich solche bestimmten Fixpunkte und dadurch diese fixen Hinweisschilder. Zu jedem Sonntag gib es deshalb im Folgenden immer ein paar Gedanken und zu jeder Woche in der Regel drei weitere. Dazu kommen tägliche Worte und Gedanken für die Wo-

chen, in denen sich die Ereignisse verdichten, die Kar- und Osterwoche und die Woche vor Pfingsten.
Darüber hinaus gibt es aber dazwischen auch verschiedene Feiertage, die wie plötzliche Lichtungen auf dem Weg erscheinen.Da diese an bestimmte Tage gebunden sind und dadurch in jeder Fasten- und Osterzeit an verschiedenen Stellen liegen, sind sie in einem kleinen Extrakapitel angefügt.
Alles in allem könnte man sagen, dass es für mich ein kleiner, persönlicher Pilgerbericht dieser geprägten Zeit geworden ist. Der beschrittene Weg war die Fasten- und Osterzeit. Die Lesungen und Evangelien dieser Zeit haben meinen Weg natürlich immer wieder gekreuzt, aber nicht nur: Das Leben und einige Begegnungen waren in dieser Zeit nicht weniger Evangelium für mich. Die folgenden Worte spiegeln meist erst einmal meine ganz persönlichen Erfahrungen und Wahrnehmungen wider, die ich Ihnen als Leser*in anbieten möchte, um damit oder ausgehend davon vielleicht Ihren eigenen Weg gehen zu können.
Einige der folgenden Texte sind während dieser Zeit in den sozialen Netzwerken oder auf diversen Homepages, in Zeitschriften und Zeitungen veröffentlicht worden. Viele andere sind nur für mich persönlich entstanden. So kommt es auch, dass der Stil der Texte manchmal ein wenig spitz und dann wieder mehr sinnierend, im Ganzen also sehr unterschiedlich ist. Durch die segmenthafte Form ist es aber auch jederzeit möglich, einzelne Texte und Themen für sich herauszugreifen.
Dieses Buch soll weder Leitfaden noch moralischer Zeigefinger sein (falls dies von jemandem an der einen oder anderen Stelle so aufgefasst werden sollte, bitte ich um Entschuldigung). Es soll bzw. darf einfach ein Begleiter

für die wichtigste Zeit im christlichen Jahreskreis sein und dazu anregen, über das eine oder andere im eigenen Leben, in unserer Kirche oder unserer Gesellschaft nachzudenken.

Die Fasten- und Osterzeit ist die Zeit, in der wir in besonderer Weise eingeladen sind, Christus nachzugehen, ihm zu folgen und immer wieder über die Schulter zu blicken, wenn er in der Wüste ausharrt, wenn er Menschen begegnet, wenn er heilt, weint, wütend wird, Mitleid hat, mit Freunden isst und von Freunden verraten, verleumdet und verkauft wird, wenn er leidet und stirbt und auf eine Weise wiederkommt, die durch unsere Kenntnis der Geschichte und das dadurch resultierende taube Zuhören für uns oft ganz selbstverständlich ist, aber in Wirklichkeit immer neu und dauerhaft unerhört bleibt.

Wir dürfen uns dann von Christus nachösterlich mit Namen ansprechen lassen, ihm auf unseren Um- und Abwegen begegnen, ihm gegenüber zweifeln und blind sein und mitten in unser Leben sein Leben, Lieben und den Heiligen Geist zusagen lassen.

Ein Stück von alldem in den biblischen Erzählungen und im täglichen Leben zu erahnen und darum zu ringen, davon erzählen die folgenden Seiten.

„Ahnung“ ist, glaube ich, das richtige Stichwort.

Ignatius von Loyola meinte: „Wenige Menschen ahnen, was Gott aus ihnen machen würde, wenn sie sich ihm ganz überließen.“

Ich glaube, die Fasten- und Ostertage sind zeitlich abgesteckte Übungsräume, um genau davon eine Ahnung zu bekommen. Das ist so, wie wenn ich eine frische Tüte Pfeffer für meine Mühle öffne. Ich liebe diesen Duft, weil er mir eine Ahnung davon schenkt, was ich durch ihn

noch mehr genießen kann und wo ich ihn überall schmecken darf.
Viele Worte in diesem Buch erzählen von meinen Gottesahnungen, und sie können vielleicht Anregungen geben, damit Sie Ihre eigene Ahnung von dem bekommen, was Gott für Sie und mit Ihnen noch vorhat und wo Sie ihn schmecken dürfen.

Eben Fasten- und Osterzeit nicht als Coronazeit, sondern …

… Fasten- und Osterzeit als Zeit ohne fixe Antworten und voller offener Fragen.
… Fasten- und Osterzeit als Zeit für Einsamkeit und Begegnung.
… Fasten- und Osterzeit als Zeit, Veränderung einzuüben, diese zu umarmen und mit ihr und durch sie auf Gott hin zu lieben, zu glauben und zu hoffen.

Für diesen Weg wünsche ich Ihnen Gottes segensreiche Begleitung

Wolfgang Metz

## Fastenzeit

*Wie im Vorwort schon angesprochen: Ich weiß, die meisten Menschen mögen oft keine Veränderungen, und trotzdem ist Leben Veränderung. Wenn wir alles immer nur festhalten, wird Veränderung für uns immer eine Bedrohung sein, die uns etwas wegnehmen möchte – von unserem Besitz, aber auch in unseren Beziehungen. Ich denke und erfahre die Fastentage als eine Zeit, um das Lassen einzuüben, eine Zeit der Auf-gabe, der Einübung, Tag für Tag neu zu sehen und zu entscheiden, was ich brauche und was nicht und was ich genau darum aufgeben und (los)lassen kann.*
*Aber ich gebe nicht nur. Ich bekomme auch etwas dafür.*
*Das ist eine Gabe, ein Geschenk. Oft nicht das, was ich mir aussuchen, was ich mir selbst kaufen oder besorgen würde, sondern ich bekomme oft etwas völlig unberechenbar Anderes als das, was ich mir selbst auserlesen hätte.*
*Vielleicht ist das, was ich da bekomme, nicht immer auf den ersten Blick richtig gut, aber oft auf den zweiten oder dritten. Nicht um es sich mit der Zeit schönzureden oder sich daran zu gewöhnen, sondern es mit Abstand und Weite einordnen zu können. Und dann sehen nämlich viele Dinge meist ganz anders aus.*
*Die Fastenzeit ist ein Angebot, ein Geschenk, eine Einladung, Veränderungen, die es sowieso immer gibt, mit Gott zusammen auf Ostern hin einzuüben, zu umarmen und zu erfahren, wo und wie dieses Ostern eine Auswirkung auf mein Leben hat.*

## Aschermittwoch: Über das „wie immer"

Ein Aschermittwoch …

… wie immer.

Eine Fastenzeit …

… wie immer.

Eine geprägte Zeit, die durch Daten festgelegt und wieder gelöst werden wird …

… wie immer.

Verschiedene Menschen nehmen sich mehr oder weniger Fastenvorsätze vor …

… wie immer.

„Du aber, wenn du betest, geh in deine Kammer, schließe die Tür zu, dann bete zu deinem Vater, der im Verborgenen ist!" (Mt 6,6) …

… wie immer.

Das Aschekreuz wird ausgeteilt …

… wie immer.

„Bedenke, Mensch, dass du Staub bist und zu Staub zurückkehren wirst" ….

… wie immer.

## Nachtrag zum Aschermittwoch

*Ich glaube, die wenigsten Menschen an diesem Tag ahnten, wie sehr die Fastenzeit 2020 alles andere werden würde als dieses „wie immer“.*
*Wer konnte schon ahnen, wie sehr manche dieser vorher genannten Worte eine ganz eigene Realität, Relevanz und Brisanz bekommen würden*
*und dass es eine Fastenzeit werden würde, die uns einfach überrollt und ihre ganz eigene Form des Fastens hervorrief,*
*eine Form, die sich niemand selbst herausgesucht hatte.*
*Es wurde eine geprägte Zeit, die sich nicht an unseren Zeitplan von sechs Wochen Fasten hielt,*
*die nicht mit dem Ostersonntag einfach vorbei war,*
*die uns lehrte, was es heißt, zuhause, hinter verschlossenen Türen, zu sein,*
*und die vielen von uns unsere Begrenztheit, unser Staub-Sein auf ganz neue Weise zeigte.*

*Der Aschermittwoch ist nur ein Termin.*
*Ein Tag.*
*Ein Beginn.*
*Etwas, das von manchen ernster und von anderen weniger ernst genommen wird.*
*Ich habe mich gefragt, wie es wäre, wenn ich den Aschermittwoch immer als persönlichen Lockdown sehen, feiern und mich dafür entscheiden würde.*
*Nicht nur im Corona-Jahr, sondern auch jetzt und immer wieder.*
*Warum?*
*Um zu spüren, was ich brauche und was nicht.*
*Was mir wichtig ist und was nicht.*
*Was ich in der Hand habe und was nicht.*

*Welche unwichtigen Dinge ich brauche und welche nicht.*
*Wann ich „spontan und ungezwungen" übers Wochenende irgendwohin fliegen muss oder nicht.*
*Und schlussendlich, von welchen Menschen mir Umarmungen fehlen und von welchen nicht.*

*Und …*
*… zu spüren, wo ich Gott ersehne, benötige und erfahre.*
*Nicht nur, wenn ich dazu gezwungen werde, sondern eben gerade auch in allen anderen Zeiten.*

## Über das Leben

„Wähle also das Leben" (Dtn 30,19)
Dieser Satz aus der Tageslesung vom Donnerstag nach Aschermittwoch fasziniert mich jedes Jahr aufs Neue.
Und jedes Jahr denke ich: Diese Worte verhallen am Tag nach Aschermittwoch zwischen Aschekreuzbestreuung und 1. Fastensonntagswüste so furchtbar schnell und sehr oft ungehört.

„Wähle also das Leben" (Dtn 30,19)
Was wohl die meisten Christen*innen denken, wenn sie an die Fastenzeit denken?
Viele denken sicherlich, dass es eine Zeit der Entbehrung ist, eine Zeit der Vorbereitung, des Verzichts, eine Zeit der Regeln und Einschränkungen.
Aber geht es wirklich darum?

Was wohl viele Menschen sagen, wenn man sie nach der katholischen Kirche fragt?

Viele der Antworten werden wahrscheinlich etwas mit dem immer noch anstößigen Zölibat, der Frage nach einer Verheutigung der veralteten und gängelnden Sexualmoral, dem Umgang mit geschiedenen Wiederverheirateten, der Rolle der Frau oder vielleicht noch mit der Ökumene zu tun haben.
Auf jeden Fall wird es viel um Regeln, Vorschriften und das „System Kirche" gehen.
Aber geht es wirklich darum?

Vieles davon nervt mich natürlich auch, und sicherlich sollte man an der einen oder anderen Stelle endlich etwas ändern, aber ganz ehrlich:
Was mich sehr viel mehr beschäftigt und auch schmerzt, ist, dass wir uns manchmal nur mit diesen Dingen beschäftigen.
Wir gehen auf Ostern zu!
Im Zentrum dieses Festes geht es darum, dass die ganze Schöpfung gut war und ist, so, wie sie ist. Es geht um Befreiung und die Fülle des Lebens und vor allem geht es darum, zu erfahren, dass Jesus lebt, dass Gott uns nicht alleine lässt, weder im Leben noch im Tod; dass wir keine Angst haben müssen, weder vor dem Leben noch vor dem Tod.
Es geht darum, das Leben zu wählen, es zu erleben, zu erhoffen und zu erlieben, weil wir selbst Geliebte sind.
Genau darum geht es. Zu erfahren, dass wir geliebt sind.

Das heißt natürlich nicht, dass all die obigen ungelösten Fragen in Bezug auf unsere Kirche unwichtig sind. Das sind sie nicht, und es ist sehr anstrengend und aufreibend, dass einiges davon seit Jahrzehnten ergebnislos diskutiert wird.

Aber ist es nicht fatal, dass unfassbar viele Menschen unsere Kirche zuallererst gar nicht mit unserer eigentlichen Botschaft in Verbindung bringen?

Ich möchte die offenen Fragen nicht wegschieben, aber ich möchte auf keinen Fall wegen ihnen das Zentrale aus dem Blick verlieren.

Auf Ostern zuzugehen heißt nicht einfach, ein Regelwerk zu befolgen, sondern auf das Leben zuzugehen! Die Fastenzeit sollte nicht von Regeln erfüllte, sondern regelrecht vom Leben erfüllte Zeit sein!
Also gegen ein zu schnelles Verhallen dieser Worte aus Deuteronomium schreie ich es für mich und für alle von den Dächern und in mein Leben und in meine Fastenzeit hinein:

„Wähle also das Leben!"

## Über ein weit entferntes Land

Dieser Tage kamen nun die ersten Schutzmaßnahmen.
Kein Weihwasser mehr in den Kirchen.
Kein Händeschütteln zum Friedensgruß.
Keine Mundkommunion.

Bis jetzt habe ich mit vielen anderen Menschen auf der ganzen Welt den Chinesen zugeschaut, vor dem Fernseher den Kopf zwischen Mitleid und Unverständnis geschüttelt und wahrscheinlich keinen Gedanken daran verschwendet, wie froh ich bin, dass das alles weit weg ist. Genauso, wie ich wahrscheinlich viel zu oft Nach-

richten schaue und höre und lese: gesehen, gehört und vergessen.
Das klingt fast wie dieser typische Märchenbeginn:
Es war einmal in einem weit entfernten Land …
Das hat nichts mit mir, hier und heute zu tun …
Das ist alles weit weg …
Bis jetzt …

Corona fühlt sich irgendwie noch immer weit weg an, aber trotzdem hat es nun Auswirkungen auf mein Leben.
„Bedenke, Mensch, dass du Staub bist und zu Staub zurückkehren wirst."
Vielleicht ist das ernster gemeint, als ich es bisher dachte.
Ich merke, dass ich manches ändern muss …

Bis jetzt habe ich mir die biblischen Geschichten einfach angehört und diese in der Kirche zwischen Halb-Zuhören und Schon-tausend-Mal-Gehört kopflos abgenickt.
Genauso, wie ich wahrscheinlich viel zu oft biblische Geschichten höre und lese: gelesen, gehört und vergessen.
Diese alten Geschichten beginnen doch fast immer gleich:
In jener Zeit sagte Jesus …
Das hat nichts mit mir hier und heute zu tun …
Das ist alles sehr lange her …
Bis jetzt …

Ostern fühlt sich irgendwie noch immer weit weg an, aber trotzdem hat es nun Auswirkungen auf mein Leben.
„Kehr um und glaub an das Evangelium."
Vielleicht war das ernster gemeint, als ich bisher dachte.
Ich merke, dass ich manches ändern muss …

## 1. Fastensonntag:
## Über kleine Schritte in die Wüste

Jesus wird am ersten Fastensonntag immer in die Wüste und in Versuchung geführt.
Drei Mal. Immer geht es im Subtext dabei um meine grundsätzliche Versuchung, das Leben als engstirnigen Egotrip zu sehen.

1. Lass Steine zu Brot werden – Ich bin, was ich kann und leiste.
2. Spring vom Tempel – Ich bin unverwundbar und lebe ewig.
3. Du bekommst Macht und Ländereien – Ich bin, was ich habe.

Nach Wüste fühlt sich mein Leben gerade nicht an. Ein paar aktuelle Einschränkungen machen noch keine Wüste. Und doch merke ich, dass mich diese wenigen Einschränkungen (regelmäßiges Händewaschen, kein Friedensgruß, kein Weihwasser …) mit der zweiten Versuchung in Berührung bringen und mich ein paar Schritte in Richtung Wüste geführt haben.

Das heißt nicht, dass ich jedem noch so kleinen Virus, wie jetzt Corona, einen Sinn zusprechen möchte. Das wäre schlicht und ergreifend falsch. Aber vielleicht kann mich trotzdem diese gegenwärtige Situation einen Schritt in die Wüste, einen Schritt in die Fastenzeit, einen Schritt weg von meiner Egozentrik führen.

Es geht nicht speziell um diese Krankheit, es geht vielleicht darum, jetzt jeden Tag aufmerksam zu sein, wo und wie mir diese Versuchungen auf ganz unterschiedliche Weise begegnen und mich auf meinem Weg, Jesus hinterhergehend, in die Wüste führen.

Heute war es nur ein Stück der zweiten Versuchung. Wer weiß, wo in den kommenden Tagen und Wochen andere Stücke auf mich lauern.

## Über Antworten und Fragen

Mist.
Aschermittwoch war schon vergangene Woche, und der erste Fastensonntag ist auch einfach vorbeigegangen, und ich habe mir immer noch nichts Konkretes für die Fastenzeit vorgenommen …

Fleischfasten?
… mmmhhh. Wäre möglich. Wäre die einfache und fast schon klassische Variante.
Kaffeefasten?
Habe ich schon mal gemacht. Seitdem halte ich das für ideologischen Unsinn.
Plastikfasten?
Das wäre eigentlich das ganze Jahr über sinnvoll und nicht nur für ein paar Wochen …

Es ist so schön klar, wenn man etwas Konkretes hat und weiß: Dies oder jenes lasse ich jetzt einfach für sechs Wochen weg, und dann ist alles gut.
Na ja … „alles“ ist natürlich ein wenig übertrieben.
Konkretion ist etwas Gutes, aber manchmal kann sie mir auch den Blick verstellen, weil ich mich dann nur auf das

fokussiere, einen Tunnelblick für mein restliches Leben bekomme und mich anschließend darauf einfach ein wenig ausruhe. Dann muss ich ja auch nichts anderes mehr machen und auf sonst nichts anderes mehr achtgeben.
Aber ich frage mich inzwischen, ob das überhaupt die richtige Herangehensweise an die Fastenzeit ist, wenn ich mir selbst etwas Konkretes aussuche und dann darauf verzichte.
Sollten nicht gerade diese Tage Klärungstage, Tage des Suchens, des Hörens, des Unkonkreten sein, nicht Tage der schnellen Antworten, die ich mir selbst gebe, sondern Tage des Fragens, um von Antworten gefunden zu werden?

Ich weiß jetzt, was ich mir vornehme.
Ich versuche herauszufinden, welche Frage jeder Tag für mich in sich birgt.
Ich nehme mir jeden Abend – neben dem Rückblick auf den Tag, die Menschen und Situationen – einen Moment Zeit für das, was der Tag offengelassen hat.
Welche Frage ist aus diesem Tag in mir gewachsen?
Welche Frage aus diesem Tag interessiert mich und geht mit oder hat mich ratlos zurückgelassen?

Ich möchte diese Fastenzeit als eine Zeit des Fragens erleben.
Als Zeit, in der ich mir nicht die Antworten aussuche und selbst gebe.
Als Zeit, auf Antwort, Leben und Gott zu warten …

… auch wenn das manchmal 40 anstrengende Tage an Wüste, Warten und Antwortlosigkeit bedeuten kann.

## Über Aufgaben und Gaben

„Aufgabe“ war bewusst oder unbewusst das Wort, das meine Fastenzeiten in den vergangenen Jahren immer bestimmt hat. Was ist meine Aufgabe für diese Fastenzeit? Im vollen Wortsinn. Was gebe ich auf? Worauf verzichte ich? Das hatte die Priorität.
Um dann genau darin zu spüren, wie mir das fehlt, was ich zeitweise aufgebe, damit ich es nachösterlich neu entdecken konnte.

Prinzipiell hört sich das schon gut und richtig an.
Prinzipiell musste und muss ich mir dabei aber auch die Fragen gefallen lassen:
Was hat das Ganze jetzt prinzipiell mit Gott zu tun?
Ersetzt dieser Gott denn jetzt den Platz auf meinem Teller, wenn ich kein Fleisch mehr esse?
Füllt der meine Tasse, wenn ich auf Kaffee verzichte?
Umhüllt dessen Schutz das Gemüse, das ich plastikfrei kaufe?
Vielleicht … natürlich hängt er da irgendwie mit drin und begleitet dieses Aufgeben, aber war das mein eigentliches Ziel, oder habe ich mich nicht meist viel zu viel um dieses Aufgeben gedreht …?

Was wäre, wenn es in den anstehenden Tagen weniger um eine Aufgabe und mehr um eine Gabe ginge?
Wenn es weniger um das ginge, was ich mir Langweiliges heraussuche, um es aufzugeben, und mehr um das, was mir Gott an Unberechenbarem, an Verrücktem, an Schönem, an Anstrengendem, an Ins-Auge-Fallendem, an jeder Ecke Lauerndem, an Herausforderungen und Geschenktem geben möchte?

Was wäre, wenn ich in den kommenden Wochen weniger aufgeben und stattdessen mehr darauf achten würde, wo Gott mir etwas gibt?

## Über den Wert der Dinge

Heute stand ich vor einem Schaufenster, hinter dem mich eine Espressomaschine anlachte. Eine wunderschöne, silberne, italienische Espressomaschine. Ein silberner Traum, der meine Italiensehnsucht in schwarzem Gold ertränken könnte.
Am liebsten hätte ich sie vom Fleck weg gekauft, aber etwas hat mich davon abgehalten …

Als ich vor Jahren mit einem guten Freund einkaufen war, fragte er jedes Mal, wenn ich ihm etwas zeigte: Ja, braucht man das? Meine Antwort war, dass wir mit dieser Einstellung heute sicherlich nichts mehr finden würden.
Was braucht man schon?
Brauche ich diese Espressomaschine? Sicherlich nicht. Meine kleine Espressokanne reicht eigentlich völlig.

Und noch etwas hielt mich vom Kauf zurück …
Sie ist nicht gerade billig, aber das wäre kein Problem. Und genau das ist das Problem. Als ich noch ein Student war, musste ich mir genau überlegen, ob ich mir auch nur eine einzige CD leisten könnte oder nicht. Ich musste mir genau überlegen, wofür ich auch im Kleinen Geld ausgab, was mir etwas wert war. Heute muss ich das nicht mehr, aber ich habe manchmal den Eindruck, dass eine CD dadurch für mich auch an Wert verloren hat.

Früher war eine CD oft für mich wie ein Schatz, den ich im Acker gefunden (Mt 13,44), auf die ich hingefiebert hatte. Heute spendet mir der Konsum leider nicht mehr so nachhaltigen Trost, wie das früher einmal war.
Ob das wohl mit dem Wert der Dinge zu tun hat?

Okay, ich gebe es zu. Meine Kanne reicht mir …
Na dann, adieu, du schöne Espressomaschine …

Manchmal sollten Gebet und Bibel ganz konkret werden. Im besten Fall immer. Deswegen habe ich mir heute vorgenommen, drei konkrete Fastenzeitfragen ins Gebet zu nehmen:

1. Welche Dinge brauche ich wirklich?
2. Welche Dinge haben welchen Wert für mich?
3. Gibt es manche Dinge, die für mich immer noch wie ein Schatz im Acker sind/wären? Die mir (warum auch immer) so lieb und teuer sind, dass ich darauf hinfiebere und alles dafür hergeben würde. Und woher kommt der Wert dieser Dinge?

## 2. Fastensonntag: Über die Flexibilität der Fastenzeit

Heute wäre ich nach Rom geflogen ... Ich hatte schon gepackt und mein Ticket ausgedruckt. Die Coronalage in Norditalien ist inzwischen sehr angespannt. Die Lombardei wurde am Abend zuvor abgeriegelt.
Meine Gedanken und meine Rechnung zu dieser Reise:

Wir haben hier in Deutschland auch schon die ersten Krankheitsfälle
+ Mittelitalien hat nicht mehr als wir hier
+ die ersten Pilgergruppen haben in Rom schon abgesagt
= so leer kriege ich Rom nie wieder!

Ich wäre geflogen ...

... hätte ich nicht morgens mit einer guten Freundin in Rom telefoniert, die mir dringend von meiner Reise abgeraten hat, weil die Lage für das ganze Land in den kommenden Tagen unberechenbar sein wird.
Kurzentschlossen bin ich zuhause geblieben.

Nun ist Corona endgültig bei mir angekommen.
Nun ist die Fastenzeit endgültig bei mir angekommen.
Eben nicht weitermachen wie bisher.
Eben nicht das Leben planen wie bisher.

Was wäre, wenn Fastenzeit eben nicht Ablauf nach Plan, sondern Flexibilität und Reduktion auf das Hier und Heute bedeutet?

*Nachtrag*
*Schon am Nachmittag haben an diesem Sonntag alle öffentlichen Einrichtungen in Rom geschlossen und ein paar Tage später alle Restaurants und dann auch das Land selbst.*
*Vielleicht bedeutet diese Zeit auch, weniger auf meine Pläne und mehr auf andere Menschen und vielleicht auch auf den lieben Gott zu hören.*

## Über Verunsicherungen und das Berührtwerden

Zwei Gefühle regen sich in diesen Tagen in mir.

Zum einen eine Art Verunsicherung, wenn ich die Zeitungen lese und Nachrichten höre oder schaue. Die meiste Zeit meines Lebens habe ich Nachrichten über Krisenherde irgendwo auf der Welt gehört, die irgendwann irgendwo waren und dort auch geblieben sind.
Wesentlich seltener waren und sind die Krisen, die näherkommen und mich plötzlich einholen, die mich nicht einfach auf dem Sofa sitzen lassen und die von mir normalerweise einfach gleich wieder vergessen werden wie eine billige Seifenoper.
Sie sind seltener, aber es gibt sie, die Nachrichten, die Verunsicherung in mir auslösen.

Ein zweites Gefühl hat sich dieser Tage in Form einer Liedzeile an mich angeschlichen und es gleichzeitig beschrieben.
Phil Siemers singt in seinem Lied „Lieblingsplatte“ über den Augenblick, in dem man sich in einem Lied

so wiedererkennt, dass einem unwillkürlich die Tränen kommen …

Genauso ist es immer wieder.
In einem Takt Musik, in einem Satz aus einem Roman, in einem gemalten Pinselstrich, in einem unverhofften Gespräch … Etwas trifft mich, rührt mich an, bewegt mich, entflammt mich, öffnet mir die Augen, zaubert mir ein Lächeln auf den Mund oder eine Träne ins Gesicht oder eine Gänsehaut quer über meinen ganzen Körper.

Beides habe ich heute erlebt.
Verunsicherung von außen und beglückende Betroffenheit im Inneren.
Es wäre naiv, die äußere Verunsicherung zu ignorieren. Trotzdem finde ich die Frage wichtig:
Welchem Gefühl möchte ich mehr Raum geben und nachgehen?
Der numinosen Verunsicherung, die ich gerade weder einordnen noch überblicken kann, oder der inneren Berührung, die mir vielleicht noch etwas mehr über mich erzählen möchte?

Wie wäre es, wenn ich in diesen Tagen „Verunsicherungen faste" und dem Berührtwerden ein wenig mehr zuhöre?

*(Lieblingsplatte – Phil Siemers)*

## Über den Blick auf die Welt und auf den Tag

Es ist kein Geheimnis:
Ich poste gerne schöne Bilder bei Instagram, Facebook und Co. und ein paar (mal mehr, mal weniger kluge) Worte dazu.
Ich ertappe mich dabei, wie ich manchmal schon von vornherein mit dem Blick durch die Welt gehe:
Was könnte ein gutes Bild abgeben?
Was könnte ich als Nächstes ins Netz stellen?
Was würde mir viele Klicks bringen?
Es ist ein Arbeitsmodus in Hab-Acht-Stellung.

Aber was ist, wenn es gar nicht um das Bild geht, sondern um den Moment, den Gott gerade nur für mich bereitgelegt hat, und ich seine Gegenwart vor lauter Bildsuche verpasse?

Es ist kein Geheimnis:
Ich versuche jeden Tag auf den Abend zurückzublicken und den Tag in wenigen Worten Gott zurückzugeben und diese ganz kurz aufzuschreiben. Beim Tagesrückblick am Abend ertappe ich mich dabei, wie ich manchmal schon von vornhinein mit dem Blick auf den Tag sehe:
Was war gut an diesem Tag?
Welche Worte kann ich heute in mein Büchlein schreiben?
Wie viel Klicks würde Gott wohl meinem Tag geben?
Es ist ein Beten im Bewertungsmodus.

Aber was ist, wenn das Gute nicht nur am Tag war, sondern auch genau jetzt geschieht und ich seine Gegenwart vor lauter Nachsinnen über den Tag verpasse?

## Über die verlorene Selbstverständlichkeit

Samstag vor dem 3. Fastensonntag.
Das heutige Evangelium führt mich auf dem Weg mit dem verlorenen Sohn oder den verlorenen Söhnen oder dem barmherzigen Vater oder wie immer man dieses Gleichnis auch nennen mag …
… und um ganz gendergerecht zu sein: Natürlich können auch Töchter verloren gehen, eifersüchtig sein und Mütter können auch Geduld beweisen und barmherzig sein!

Jede*r kennt die Geschichte:
Jüngerer Sohn will raus, bekommt sein Erbe, verschleudert es, es geht ihm schlecht, er besinnt sich, geht zurück, Vater geht ihm entgegen, alles toll, alles?
Nein, der ältere Sohn ist sauer.

Ich glaube, es geht in diesem Gleichnis erst einmal ganz grundsätzlich um die Ungeduld und die Freiheit, alles haben zu wollen und machen zu können, und zwar jetzt gleich. Klingt irgendwie nach Generation „Ich-flieg-hin-wann-und-wo-es-mir-gefällt“ und „Heute-bestellt-morgen(-oder noch besser heute)-schon-da“. Scheint so, als blieben unsere Gefühle, Wünsche und Sehnsüchte seit 2000 Jahren gleich, nur die Umgebung änderte sich.
Und es geht auch um die Blindheit gegenüber dem Selbstverständlichen. Das ist wahrscheinlich auch so ein Thema, das immer aktuell sein wird.
Dieses Gleichnis ist nicht nur gegenwartsnah, es ist ein Fastenzeit- und Coronazeit-Evangelium par excellence.

Heute wurden alle Gottesdienste abgesagt.
Nun steh’ ich hier, ich armer Tor …

Klar, ich muss keinen Hunger leiden und es ist niemand mehr da, nicht mal Schweine zum Hüten, aber jetzt merke ich auch, was ich hatte …
eine Aufgabe, Menschen, die ich kenne, die so selbstverständlich da waren …
Und was noch blöder ist als im Gleichnis: Ich kann nicht mal einfach zurück, denn es geht hier nicht um eine Distanz, die man zurücklegen könnte, sondern es geht um Zeit, die ich absitzen und warten muss.
Ich weiß noch nicht, welche Aufgaben mir an den kommenden Tagen wie Schweinehüten vorkommen werden und wie lange das dauern wird …

… nur eines ist zum Glück klar:
Egal, wie lange es dauert.
Egal, was kommt.
Egal, wie es wird:
ER wird da sein und mich mit offenen Armen erwarten.

Und das ist meine Hoffnung und Zuversicht.

## 3. Fastensonntag: Über die Leere

Gestern wurden auf einen Schlag alle Gottesdienste abgesagt.
Verrückt, was man erst einmal alles regeln muss, damit nichts mehr ist!
Und jetzt …?

Es fühlt sich an wie ungeplante Exerzitien.
Alles wird reduziert.
Keine Außenkontakte.
Alle Sitzungen abgesagt.
Physical Distancing!
Nur noch ich bleibe übrig.
So hatte ich mir meine Fastenzeit aber nicht vorgestellt bzw. geplant.
Plötzlich muss ich „Menschen fasten".

Was bewegt sich in mir, wenn sich außen nichts mehr bewegt?
Was steigt in mir auf, wenn ich mich nicht mehr mit tausend äußeren Dingen beschäftige, weil fast alle Termine aus meinem Kalender verschwunden sind,
wenn fast keine üblichen Geräusche meiner Umgebung mehr an mein Ohr dringen, weil das öffentliche Leben erlahmt,
und wenn nicht unzählige Worte in meinem Ohr nachhallen, weil ich viel weniger Menschen treffe und mit ihnen spreche als vorher?
Äußerliche Leere hat sich eingestellt …

Aber wie ist es mit dem Inneren?
Was höre ich innen, wenn es außen so leise geworden ist?
Mein früherer Geistlicher Begleiter hat einmal zu mir gesagt, ich hätte ein gutes Gespür, Gott in meinem Leben wahrzunehmen, aber danach die Frage gestellt: Was aber ist, wenn ich nichts fühle und nichts wahrnehme? Was kommt dann?

Vielleicht ist gerade jetzt eine gute Zeit, dass ich mich dieser Frage bewusst zuwende, bevor sie sich von hinten anschleicht.
Ich bin weit entfernt davon, zu glauben, dass alles jetzt so kommen musste, damit ich mich jetzt mehr mit dem lieben Gott beschäftigen muss.
Das wäre dann doch ein wenig naiv.
Aber ich bin ein Fan davon, die Gunst der Stunde zu nutzen.
Mich jetzt zu fragen, was ich fühle und was nicht.
Wo ich Gott spüre und wo nicht.
Der Leere keinen Sinn zuzusprechen, aber sie sinnvoll zu füllen.

## Über Ordnung, die mich hält (oder einen, der mich in Ordnung hält)

Alle reden jetzt davon, dass es wichtig ist, den Tag zu planen und zu strukturieren, wenn man mehr Zeit zuhause verbringt, wenn man vielleicht im Homeoffice arbeitet oder sogar Zeit in Quarantäne absitzen muss.
Aber ich merke, dass für mich nicht nur das Vorausplanen wichtig ist, sondern genauso das Nachordnen. Am Ende des Tages nochmals zurückzublicken auf das, was war.

Meine Aufmerksamkeit nicht nur auf die Zukunft hin zu richten, sondern auch auf die Vergangenheit. Und gerade in schweren und unberechenbaren Zeiten dadurch Gott nicht aus dem Blick und aus dem Herzen zu verlieren. Morgens darum zu bitten, dass Gott mich begleite, und abends zu sehen, wo und wie er da war.
Deswegen …

## nachtgebet

ein blick zurück
auf das was war
nicht was hätte sein sollen
oder hätte sein können

keine bilanzierte abrechnung
sondern eine schatzsuche im acker
ohne im tageschaos zu versinken
ohne wertende kleinkindergedanken

sondern ganz einfach
entlang der goldfäden
und spurenelemente
DEINER heutigen gegenwart

lass mich zurückblicken
und nicht in worten beten
sondern durch die erfahrungen
dieses vergangenen tages

ein blick zurück
auf das was ist und bleibt

denn nichts
nichts kann mich trennen

von DEINER liebe

(Aus: W. Metz, was kann uns trennen von der liebe CHRISTI?, S. 80)

### Über das Leben und den Glauben in Zeiten von Corona

Verrückte Zeiten, in denen wir leben!
Jeden Tag ändert sich mehr.
Jeden Tag werden wir mehr ausgeschlossen und eingeschränkt.
Das öffentliche Leben fällt (bis auf die Kleinnagereinkäufe von Klopapier) in einen Frühjahrswinterschlaf, und dieser macht natürlich selbst vor unseren Kirchen und Gottesdiensten nicht halt.

Was aber keiner jetzt (noch sonst irgendwann) braucht, ist frommes Gequatsche über eine Strafe Gottes (das Hier und Jetzt einer solchen Pandemie und deren rasante Ausbreitung erzählt höchstens etwas über unsere Globalisierung und Mobilität) und süßes Gesäusel über mehr Gottesdienste und Anbetung (Vertrauen und Gebet sind gut und wichtig, aber wer Verstand und Entschiedenheit gegen naives Gottvertrauen eingetauscht hat, ist der eigentlich Gottgestrafte).

Überlege nicht, was du nicht mehr tun kannst!
Überlege, was du noch tun kannst, z. B. lesen, Kaffee trinken, beten, telefonieren, schlafen, Brettspiele spielen, Binge-Watching …

… und auch, wenn es sich jetzt doch noch fromm anhört …

Überlege nicht, wo du Gott nicht mehr in deinem Regelwerk findest!
Überlege, wo und wie er immer noch da ist und auf dich wartet, denn …

„Weder die Sorgen von heute noch die Unsicherheiten von morgen können uns trennen von der Liebe Gottes" (Röm 8,38).

## Über Ungerechtigkeit, Mut und die Freiheit Gottes

Als Pfarrer kann ich nie allen Menschen in der Gemeinde gerecht werden.
Schon in normalen Zeiten nicht.
So viele Menschen. So viele Meinungen. So viele persönliche Befindlichkeiten, individuelle Wünsche und verschiedene Bedürftigkeiten.

Aber wie gerade jetzt?
Wo ich mit Menschen nicht einmal in einem Raum Gottesdienst feiern kann,
sie nicht besuchen darf
oder sonst bei Terminen treffe?

Natürlich, es gibt die Möglichkeiten, viral eine numinose Anzahl von Menschen zu erreichen.
Zum Glück. Gut, richtig und wichtig.

Trotzdem bleibt das Gefühl …
… gerecht werden kann ich den meisten Menschen nicht. Noch weniger als sonst. Bedürfnisse kann ich noch weniger als sonst befriedigen.

Und dann läuft mir das gestrige Evangelium über den Weg (Joh 5,1–16).
Ich staune über die Ungerechtigkeit Jesu.

So viele Kranke – und er geht nur auf diesen einen zu.
Heilt nur einen.

Ich staune über so viel Mut.
Ich staune über so viel Freiheit.
Und bin dankbar für so viel Entlastung.
Gerade jetzt!

Der Mensch, mit dem ich heute spreche, dem ich auf einem Spaziergang begegne oder dem ich jetzt schreibe, ist der Richtige.

Schritt für Schritt.
Und morgen geht es weiter …

## 4. Fastensonntag: Über eine wirkliche Fastenzeit

Es ist der 4. Fastensonntag.
Eine Woche Lockdown.
Eine Woche keine Gottesdienste.
Eine Woche wenige bis keine Kontakte.
Eine Woche auf mehr verzichten als geplant.
So streng wollte ich die Fastenzeit eigentlich nicht nehmen…

Jetzt ist es, wie es ist.
Der erste Fastensonntag hat mich erst jetzt so richtig eingeholt.
Jesus hat mich jetzt mit in die Wüste genommen.
Aber das Verrückte ist: Es ist gar nicht so schlecht dort.
Ich spüre, dass ich vieles wahrnehme, was sonst nur so an mir vorbeizieht.

Was vor Kurzem noch nebenhergehende Alltäglichkeit war, ist heute schon Seelenschmeichler und Herzerweiterer und Lebensretterin.

Was wäre, wenn das so bleiben könnte?
Natürlich nicht der Lockdown und Corona – das braucht keine*r,
aber das mit dieser alltäglichen Wahrnehmung …

## Über neue Wörter und alte Geister

Wie schnell doch neue Wörter zu bestimmten Zeiten ihren regelmäßigen Weg in mein Ohr finden. Dieser Tage ist eines dieser Wörter auf jeden Fall „systemrelevant".

Welche Jobs sind systemrelevant?
Welche Einrichtungen und Läden sind systemrelevant?
Welche Menschen sind systemrelevant?
Wenn das nicht eines der Unworte des Jahres 2020 ist, dann weiß ich auch nicht …

Aber warum das Ganze nur auf die Gesellschaft und nicht auch auf mich und mein Leben hin anwenden?
Was ist in meinem Leben systemrelevant?
Was brauche ich wirklich?
Wen brauche ich wirklich?

Das sind nicht nur vielleicht, sondern ganz sicher Fastenzeitfragen, die eigentlich immer in diesen Tagen den regelmäßigen Weg in mein Ohr finden sollten.
Aber diese Fragen sind nicht neu. Ganz im Gegenteil. Es scheint so, als geisterten sie durch die Jahrhunderte der christlichen Spiritualität und auch vielen anderen Traditionen religiösen Suchens.
Ein prominentes Beispiel ist hierbei die Frage nach der Unterscheidung der Geister. Wenn ich ehrlich auf mein Leben blicke, darüber bete und mich frage:
Was führt mich näher zu Gott, und was hält mich von ihm fern?
Was führt mich zu mehr Leben, und was unterhält mich nur oder hält mich sogar davon ab?

Heute würde ich das vielleicht so ausdrücken:
Was ist für mein Leben und Glauben, für mein Hoffen und Lieben systemrelevant – und was nicht?

### Über alte Bilder und aktuelle Hoffnung

Mich beschäftigen und faszinieren die Fresken in den Katakomben von Rom immer wieder aufs Neue. Diese Bilder, die den Besuchern dieser düsteren Orte Hoffnung geben sollen. In die Totenstille hinein erzählen sie eindrücklich, was uns hinter und nach „all dem" blühen soll. Die frühen Christen haben sich für ihr Bildprogramm damals oft im Alten Testament umgesehen und sich meist (auf den ersten Blick) ausweglosen Szenen zugewandt. Ausweglosen Situationen, die von Gottes Gegenwart und seinem unsichtbaren, aber bergenden und schützenden Mitgehen erzählen.
Mit im Bildprogramm sind z. B. die drei Jünglinge im Feuerofen oder Daniel in der Löwengrube oder auch die Arche Noah in der Sintflut.
Vor allem Letzteres hat es mir angetan, weil es oft so lustig surreal aussieht. Die Arche ist meist nur eine kleine quadratische Kiste, und darin sitzt Noah und die Taube fliegt mit dem Olivenzweig heran. Ich gebe zu: Die Arche hatte ich mir immer größer vorgestellt, aber dafür haben die Taube und der Hoffnung zeugende Olivenzweig den lebensbejahenden Raum bekommen, der ihnen zusteht.

Und so will ich es auch sehen und glauben und hoffen und vertrauen.

Trotz aller Gefahr, trotz aller Bedrängnis, trotz der Enge meines Lebens und der derzeitigen Enge der Welt, die sich manchmal auch wie eine Kiste auf offenem Meer anfühlt.

Gott lässt mich nicht alleine …
… ist nicht gerade das die Vertrauenshaltung, die ich in diesen geprägten Tagen immer wieder aufs Neue entdecken und einüben sollte?

### #untergangsstimmung

eine unsichtbare sintflut
bricht über uns herein

reißt sichtbar
unseren alltag mit sich

und das rettungsboot
so archeuntypisch

heißt zuhause
heißt mitgefühl

heißt alleinsein
und zusammenhalt

doch völlig egal
was noch kommt

die olivenzweigtaube
ist schon unterwegs

## Über meinen Duzkumpel

Ich duze Gott in meinen Gebeten.
Für manche ist das vielleicht ganz selbstverständlich.
Für mich auch! Aber ist es das denn wirklich?
Und was würde sich verändern, wenn es nicht so wäre?
Man betet sicherlich anders zu einem Du-Gott als zu einem Sie-Gott.

Ich duze Gott nicht nur, weil wir in einer Zeit leben, in der man zum eigenen Vater oder zur eigenen Mutter „du" sagt (das war ja nicht immer so),
sondern ich denke auch, weil er (oder sie) mir oft so nahe war, dass ich das für die angemessene Anrede halte.

Aber auch das ist natürlich alles andere als selbstverständlich. Denn leider ist er für mich nicht immer spürbar da und manchmal auch scheinbar so fern, dass ich ihn gerne siezen würde.
Aber dann denke ich: Bleiben wir doch einfach trotzdem beim „Du" …
… und er hatte bis jetzt nie etwas dagegen.

Ein Bekannter von mir meinte mal, dass es für ihn ein Beweis für Gott sei, dass er nicht immer verfügbar und von uns selbst produzierbar und wie durch einen Schalter, den man umlegen kann, herholbar ist.
Das hat mich beeindruckt und mir sehr gefallen.
Und trotzdem ist er (oder sie?) mir zum Glück immer wieder nahe.
So glaube und hoffe und liebe ich es zumindest.

Also, DU, schauen wir mal, wo die kommenden Tage uns noch hinführen.

## 5. Fastensonntag: Über verhüllte Sichtbarkeit

Am 5. Fastensonntag werden die Kreuze in den Kirchen bis zum Karfreitag verhüllt.
Das ist nichts, was man nur in der Kirche tun kann.
Viele Menschen haben irgendwo zuhause auch ein Kreuz hängen oder stehen.
Es ist einen Versuch wert, die Kreuzverhüllung auch zuhause auszuprobieren und zu zelebrieren.

Es geht dabei nicht darum, das Kreuz zu verstecken.
Ich denke, es ist wie bei einem Geschenk. Dieses wird ja auch nicht eingepackt, um es zu verstecken, und wenn, dann nur kurz, damit es wenig später umso mehr in den Mittelpunkt gerückt wird.
Oder ich denke dabei auch an den Künstler Christo. Genau. Diesen Künstler, der riesige Dinge in unendliche Stoffbahnen eingehüllt hat, z. B. den Deutschen Reichstag. Erst dieser Tage habe ich gelesen, dass jetzt der Arc de Triomphe in Paris drankommen soll *(Anmerkung: Auch nach seinem Tod soll dieses letzte Projekt noch umgesetzt werden).*
Diese Gebäude, diese Mahnmale der Geschichte werden weder versteckt noch gehen sie in den unfassbaren Massen von verhüllendem Stoff unter, sondern ganz im Gegenteil: Sie, die im Stadtbild allzu oft selbstverständlich geworden sind, bekommen neu Raum und werden während der Verhüllung und danach neu erkannt, gesehen und bedacht.

So ist es auch mit der Kreuzverhüllung.
Es geht darum, das, was sich in unserem Alltag oft wie ein Chamäleon tarnt, also das, was völlig alltäglich geworden

ist und nicht mehr richtig gesehen wird, neu in den Blick zu nehmen, ihm neu einen eigenen Raum zu geben.
Diesem Kreuz, das ich dann neu sehen kann, um darin vielleicht meinen eigenen Kreuzen, die ich mit mir verdeckt herumtrage, neu auf die Spur zu kommen und darin gleichzeitig Gott neu auf die Spur zu kommen und Raum zu geben.
Gott und mich neu zu erkennen, wo er und wo vieles von mir vielleicht zu alltäglich geworden ist.
Ihm und mir selbst neu zu begegnen in diesen Tagen, die alles andere als alltäglich sind, sondern lebendige Geschenke in die Freiheit.

## Über mehr, nicht weniger

Einschränkungen und Unsicherheiten beschränken unser Handeln und Denken. Entscheidungsmöglichkeiten werden weniger, das Leben wird scheinbar enger und weniger.
Es ist und bleibt aber auch:
Das verhüllte Kreuz erzählt nicht von Weniger, sondern von Mehr.
Das Vertrauen in Leben und Tod soll nicht weniger werden, sondern mehr.
Reduktion, Verzicht, Fasten- und Wüstenzeit sind nicht Zeiten von Weniger, sondern von Mehr.
In allem Gott erkennen.
In allem Gott suchen.
In allem dieses „Mehr" erspüren …

## mehr, nicht weniger

eine unsichtbare angst
ist dieser tage in jeder begegnung

und schreit laut: weniger

vernebelt menschliche kontakte
verrückt beruhigende normalität
legt unsere gekreuzigte hilflosigkeit bloß

aber es gibt da noch ein flüstern

im endlosen frühlingsbienensummen
im geschenkten gebetsfreiraum
und im verhüllten kreuz

es flüstert unnachgiebig: mehr

ein unsichtbares vertrauen
trägt und durchdringt diese tage

mehr (und nicht weniger)

## Über Magnolienblüte und Vorfreude

Ich mag Magnolien, sogar sehr.
Auf meinen üblichen Spazierwegen „begegnen" mir ein paar davon.
Vielleicht mag ich sie, weil sie nur sehr kurz blühen und sie deswegen auch so besonders sind. Vielleicht auch, weil Magnolienbäume und -sträucher in dieser kurzen Zeit eine so unfassbare Fülle an Schönheit an sich tragen.

Ich mag auch die Tage und Wochen davor.
Es ist Frühling. Vieles ist in Habachtstellung und bereitet sich vor.
Wie wunderbar, wenn sich die Knospen langsam herausschieben und ich mich vorher jeden Tag frage und freue, wann es wohl so weit sein wird.

Auch dieses Jahr war das so. Leider kam ein, zwei Nächte vor der Blüte Frost …
Fast alle Magnolienblüten auf meinem Spazierweg sind dabei erfroren und als braune Knospenmahnmale zurückgeblieben.
Und genauso ist es mit dieser Krankheit und ihrer unmittelbaren Reaktion auf sie. Durch sie ist dieser Lockdown über uns gekommen wie der Frost in der Nacht.

Viele Menschen hatten ihr Leben anders geplant. Hatten Tickets für Konzerte und Fußballspiele, hatten Familienfeste vorbereitet, Vorstellungen und Ideen, wie die Kar- und Osterwoche sein würden, welche Menschen sie in diesen Tagen und Wochen besuchen wollten und vieles mehr. Viele Veranstaltungen und Zusammenkünfte, die Magnolienvorfreude und Lebensfülle bringen wollten und sollten.
Vielleicht manchmal nur für eine kurze Begegnung, aber „voll und schön".
Und jetzt bleiben nur die ausgedruckten Tickets, die gestrichenen Termine im Kalender und die braunen Knospenmahnmale …
Natürlich.
Manche der Bäume und Sträucher haben noch ein paar Blüten bekommen und sind dann anschließend einfach grün geworden.

Das Leben ist weitergegangen.
Der Frühling kommt trotzdem.
Und trotzdem ist auch etwas auf der Strecke geblieben, was man nicht unter den Teppich kehren sollte.
Zum Glück gibt es auch noch einen nächsten Frühling.
Zum Glück gibt es ein Leben nach dem Lockdown.
Trotzdem darf man auch das bedauern, was nicht blühen durfte.

Natürlich nicht nur, aber auch …

## Über Fluchttendenzen

Ich bin dann mal weg …
Genau das geht gerade leider nicht.
Das ist so ein Mist.
Bis auf ein paar Spaziergänge immer zuhause bleiben, wenig Kontakt zu Leuten, vom Reisen gar nicht zu sprechen.
Man kann doch nicht immer daheim hocken.

Es war für mich so selbstverständlich, dass ich immer wegkonnte. Hier Freunde besuchen, dort mal nach Hause fahren oder mal zwei Tage auch einfach so hierhin oder dorthin.
Einfach mal raus. Entspannung und Abstand vom Jetzt und Hier braucht doch jede*r einmal.
Raus aus den üblichen Bahnen.
Aber worum geht es dabei wirklich?

Eine Karmelitin hat mir vor vielen Jahren erzählt, dass sie nur sehr selten und nur, wenn es familiär oder medizinisch dringend notwendig ist, ihr Kloster verlässt.

Und das liegt nicht nur daran, dass sie es nicht einfach so verlassen dürfte, sondern auch daran, dass sie sich bei dem Bedürfnis, wegzuwollen, immer fragen müsste, warum sie eigentlich gerade jetzt weggehen wolle und woher das Bedürfnis komme und ob dieses Bedürfnis vielleicht nur eine Fluchtbewegung aus dem Jetzt und Hier sein könnte.

Vielleicht ist mein derzeitiger Wunsch nicht eine Sehnsucht nach Entspannung, sondern eine Flucht aus meiner Realität, aus Corona oder vor der Angst, dass ich mich zu sehr mit mir selbst beschäftigen muss.
Vielleicht führt mich dieser Gedanke auch wieder einen Schritt mit Jesus in die Wüste (siehe 1. Fastensonntag), und zwar in der Begegnung mit der dritten Versuchung: Ich bin, was ich habe. (Dabei geht es nicht immer nur um die Dinge, die ich besitze, sondern auch die Möglichkeiten, die ich habe.)
Ich bin die Ablenkungen, die ich mir jederzeit nehmen kann.
Ich bin die Flucht vor dem Nichthaben und die Angst vor weniger Möglichkeiten.

Es ist schwer zu bleiben. Nicht wegzukönnen.
Vielleicht ist es aber umso wichtiger, dass ich mich gerade jetzt dieser Angst stelle, um zu sein, statt zu haben, und dann hoffentlich sagen zu können:

Ich bin dann mal da!

# Karwoche:
# Eine Woche lang pralles Leben

*In dieser Woche kommt alles zusammen.*
*Gemeinschaft, Freundschaft, Einsamkeit, Verrat, Leiden und sogar Tod.*

*Das ist alles ein wenig viel auf einmal in einem relativ engen Zeitfenster. Wenn das ein Drehbuch wäre, würde man vielleicht denken: Das ist doch völlig unrealistisch, dass das alles auf einmal bzw. so nah aufeinander geschieht.*

*Zum einen geschieht das aber nicht alles auf einmal.*
*Vieles davon hat sich schon über eine lange Zeit hinweg angebahnt. So wie im Leben auch viele schwierige und schwere Situationen nicht immer auf einen Schlag passieren, sondern schon lange ihre Vorboten haben.*
*Zum anderen ist das Leben aber wirklich manchmal so.*
*Jede*r hat das schon einmal erlebt, dass Freud und Leid sehr eng beieinanderliegen und ganz tolle und ganz schlimme Dinge manchmal ganz plötzlich und gleichzeitig geschehen können.*

*Die Karwoche ist weniger ein Konstrukt, das uns auf Ostern hinführen möchte, als mehr ein Spiegel unseres Lebens, der uns das unnachgiebige Mitgehen, Vergeben, Warten und Handeln Gottes in Gemeinschaft, in Freundschaft, in Einsamkeit, in Verrat, in Leiden und sogar im Tod erfahrbar machen möchte.*

## Palmsonntag:
## Über das Kreuz mit dem Palmsonntag

Ich gebe es offen zu:
Palmsonntag war nie mein Lieblingstag.
Das mit den Palmen und der Prozession ist ja ganz hübsch, aber dann ging mir alles immer viel zu schnell.
Aus dem „Hosanna“ wird ein „Kreuzige ihn“.
Das Jubelgeschrei wird zum Blutdurst.
Die Bewegtheit wird zur Totenstarre.
Und das alles in einem Gottesdienst …
Das war mir immer eine zu starke Spannung, eine zu große Unterschiedlichkeit und zu wenig dazwischen.

Bis gestern …

Gestern Abend war ich zur Krankensalbung bei einer sterbenskranken älteren Dame. Ohne groß nachzudenken und weil Palmsonntagswochenende war, habe ich zu Beginn „Singt dem König Freudenpsalmen“ (GL 280) angestimmt …

„Singt dem König Freudenpsalmen,
Völker ebnet seine Bahn!
Zion, streu ihm deine Palmen,
sieh, dein König naht heran!“

Und dann hat es mich gepackt.
Vor mir diese gläubige, sterbende Frau, die auf ihrem persönlichen Kreuzweg nach Golgota ist und mit ganzem Herzen hört und singt und betet: „Sieh, dein König naht heran.“

Und plötzlich wusste ich, wie Palmsonntag auch sein kann!

## Über Brückentage und das Beten

Das ist so eine Sache mit Brückentagen …
Was tun am Übergang vom einen zum andern?
Was tun an Karbrückentagen (zwischen Palmsonntag und Gründonnerstag)?

Ich für meinen Teil, ich bete mehr.
Viel mehr?
Was heißt schon „viel"?
Das ist so wie bei der Frage nach „genug".
Ich weiß nicht, ob diese beiden Worte überhaupt etwas mit dem Gebet zu tun haben.

Aber ich bete … für die Menschen, die irgendwo auf der Flucht sind zum Beispiel, denen es in diesen Tagen noch beschissener geht als sonst schon.
Und für manche meiner Mitmenschen, denen ihr sauberer (Entschuldigung) Ar… (und genug Klopapier) näher sind als die Menschen in Not.
Und für die Menschen in Norditalien, in Spanien, in New York, in meinem Land und sonst wo. Für nahe und ferne Menschen.
Heute wirken mir viele nahe und sehr fern.
Oft gleichzeitig.

Und dann bete ich weiter …
… für die Menschen, die meinen, wir müssten jetzt alle auf einmal und alle möglichst laut das Gleiche beten.

Was sicher kein Fehler ist, aber Gott mal wieder als einen schwerhörigen Alten verkauft, der sich gerne bitten lässt.

Und ich bete für mich.
Ja, das darf man auch.
Und ich sage darin „Danke", dass ich hier sein darf und es mir noch gut geht.

Und wenn dann noch Zeit ist, dann bete ich, dass Du, Gott, uns darin begleitest,
in den leisen und lauten Worten,
in den kleinen Sorgen nebenbei und denen, die bleischwer am Herzen hängen,
und in allem, was von den verschiedensten Menschen an diesen Karbrückentagen praktisch gebraucht, sehnsuchtsvoll erbeten und verzweifelt erhofft wird.
Begleite uns darin, Gott, begleite uns in all unseren persönlichen Passionen, so wie wir deinen Sohn und seine Passion in den kommenden Tagen auch begleiten wollen.

## Über Fotoalben, das Evangelium und das Zuhören

Was Papierfotos angeht, bin ich ein wenig altmodisch. Nicht nur, dass ich noch welche habe. Ich lasse mir auch immer noch Abzüge machen und klebe sie in meine Fotoalben, weil ich diese im Gegensatz zu meinem Fotofriedhof auf dem Laptop ab und zu auch anschaue; und genau das habe ich mir auch jetzt in den anstehenden Tagen vermehrt vorgenommen.
Also sehe ich dieser Tage meine alten Fotos an.
Warum?

Weil sie nicht irgendwelche Geschichten erzählen,

sondern weil in diesen Bildern viele Geschichten schlummern, denen ich gerade jetzt zuhören möchte.
Meinen Geschichten.

Geschichten, die von vielen Festen und gemeinsamen Essen erzählen,
aber auch von mancher Einsamkeit und vielerlei Ängsten,
von Lieblingsmenschen, die durch alle Höhen und Tiefen hindurch geblieben sind,
und Freunden, die mir über die Jahre hinweg verloren gingen,
oder von der einen oder anderen vergebenen Liebesmühe.
Sie erzählen von Mut und Feigheit, von Unbeschwertheit, aber leider auch vom Tod.
Und sie erzählen von vielen Situationen, die weit besser geworden sind,
als ich es mir vorher je hätte vorstellen können.

Und dann höre ich dieser Tage noch dem Evangelium zu.
Warum?
Weil es nicht irgendwelche Geschichten erzählt,
sondern weil in diesen Evangelien viele Geschichten schlummern, denen ich gerade jetzt zuhören möchte, die etwas von Jesus und von mir erzählen.
Unseren Geschichten.

Geschichten, die von vielen Festen und gemeinsamen Essen erzählen,
aber auch von mancher Einsamkeit und vielerlei Ängsten,
von Lieblingsjüngern, die über Kreuz und Grab hinweg geblieben sind
und Weggefährten, die verloren gingen,
oder von der ein oder anderen vergebenen Liebesmühe.

Sie erzählen von Mut und Feigheit, von Unbeschwertheit, aber leider auch vom Tod.
Und sie erzählen von vielen Situationen, die weit besser geworden sind,
als es sich ein Mensch vorher je hätte vorstellen können.

### Über Boybands und das Recht, wirklich völlig falschliegen zu dürfen

Manchmal kommt es mir so vor, als wären die zwölf Apostel die erste zusammengecastete Boyband gewesen. Ich meine, es ist bei den Jüngern doch wie bei den Boybands in den 1990ern. Von jedem Typus gibt es da jemanden, damit sich jede*r mit einem der unterschiedlichen Charaktere identifizieren kann. Von jedem und für jeden was dabei.
Petrus, der Leadsänger. Immer vornedran. Trotzdem nicht perfekt. Oft sympathisch schusselig und nicht selten auf dem Schlauch stehend bzw. auf dem See untergehend.
Johannes, das Küken in der Runde, der alles richtig macht und den alle anhimmeln, der Mädchenschwarm.
Thomas, der Zweifler, vielleicht der Schlaue und ein wenig Kopflastige, dennoch der, der die richtigen Fragen stellt.
… und zum Schluss Judas, der Bad Boy. Er ist der in der Truppe, auf den heimlich viele Mädchen stehen, weil er so herrlich unangepasst ist.
Die Tagesevangelien am Montag, am Dienstag und am Mittwoch der Karwoche lassen mich nicht nur örtlich und inhaltlich schon mit großen Schritten auf Gründonnerstag, Karfreitag und Ostersonntag zugehen, sondern sie stellen mir gleichzeitig auch dezidiert Judas, diesen Bad Boy, an die Seite und lassen mich ihn erleben.

Dieser Typ ist wirklich eigenwillig.
Petrus macht zwar auch immer wieder an der einen oder anderen Stelle vieles falsch, aber bei Judas sieht es so aus, als mache er wirklich konsequent bis zum bitteren Ende alles falsch. Mit allen anderen Jüngern kann ich oft trotz und manchmal auch wegen ihrer Fehler immer wieder sympathisieren, aber ich werde das Gefühl nicht los, das ich das bei Judas überhaupt nicht soll, und genau deswegen ist er so wichtig.
Vielleicht ist er der grundsätzlich Verlorene.
Das Ende der Fahnenstange.
Der „Fels" dafür, nicht nur (wie Petrus) ab und zu, sondern völlig falschliegen zu dürfen.

Ich glaube und ich hoffe nämlich, dass nichts so schlimm ist und kein Bad Boy so schlecht ist, als dass ihn der Gottessohn nicht am Karsamstag in der tiefsten Einsamkeit finden und zurückholen könnte.
Hallo! Er ist schließlich der gute Hirte, egal, wie verloren das Schaf auch sein mag.

Die Vergangenheit und Gegenwart sind, wie sie sind.
Sie begegnen mir oft eindeutig und abänderbar. Was Judas getan hat, hat er getan.
Aber das ist ein vorösterlicher Blick. Vor Ostern, heute noch, ist das Leben des Judas eine Einbahnstraße und mein eigenes manchmal auch.
Ich muss es nicht toll finden, was Judas gemacht hat, ich muss mich auch nicht gänzlich mit seinem Charakter identifizieren können, aber ich muss ihn im Blick behalten, weil er vielleicht der Garant dafür sein wird, dass die Gnade Gottes, das Leben in und durch die Auferstehung und die Vergebung der Sünden für wirklich alle da sind.

## Gründonnerstag: Stell dir vor, es ist Gründonnerstag, und keiner geht hin

Gründonnerstag fiel dieses Jahr aus.
Klar, die Feier an Gründonnerstag wäre unter normalen Umständen so oder so nicht der bestbesuchte Gottesdienst in diesen Tagen. Eher das Stiefkind im Triduum, d. h. im großen gottesdienstlichen Bogen von Gründonnerstag über Karfreitag bis hin zum Ostersonntag. Trotzdem mag ich gerade diesen Tag. Sehr. Ich mag die Fülle von Situationen, Begegnungen und Emotionen, von denen er erzählt. Nur drei Beispiele:

*Die Fußwaschung*
Das Evangelium, das ich im Gottesdienst hätte verkünden dürfen und was bei uns und in vielen Kirchengemeinden auch beispielhaft nachempfunden worden wäre.
Die Verneigung Jesu, die noch einmal etwas von der Menschwerdung erzählt. Diese alltägliche Berührung, die die Nähe Gottes nicht in der großen Zaubershow ausdrückt, sondern durch einen schlichten, dienenden Kontakt.
Und jetzt?
Kontaktverbot. Nichts mit Fußwaschung, nicht einmal Umarmen ist angesagt.
Und ich merke plötzlich, wie sehr mir Händedrücken, Berührungen und Umarmungen fehlen und was alles so beiläufig und alltäglich darin ausgedrückt wird.

*Das Abendmahl*
Die zweite Lesung, die wir gehört hätten …
… und nicht nur davon gehört, wir hätten es auch gemeinsam gefeiert.

Gefeiert, wie Jesus mit den Menschen, die ihm nahestanden, am Tisch saß und Mahl hielt.
Und jetzt?
Viele Menschen, mich eingeschlossen, saßen in diesen Tagen oft alleine am Tisch und wünschten, ein paar nahe Menschen wären da.
Andere wiederum saßen immer mit den gleichen Nasen um den Tisch und wünschten, es wäre mal niemand oder jemand anderes da. Diese erfahren nun, wie anstrengend und doof und unberechenbar die nahestehenden bzw. nahesitzenden Menschen manchmal auch sein können. Es gibt eben nicht nur Lieblingsjünger, sondern auch die Langsamchecker und Verräter.

*Das Gebet Jesu im Garten Gethsemane*
Dem wären wir in der Ölbergandacht nachgegangen. Gemeinsam hätten wir dort gesessen und hätten auf die Einsamkeit Jesu geblickt.
Und jetzt?
Jetzt hat sich diese Einsamkeit in meinem und im Leben vieler Mitmenschen auf ganz eigene Weise eingeschlichen.

Gründonnerstag fiel dieses Jahr aus.
Ganz im Gegenteil: Der Gründonnerstag ging mir selten so nahe wie in diesem Jahr.

## Karfreitag: Der entblößte Christus

Corpus: Michelangelo (zugeschr.) Ende 15. Jh.

## in CHRISTUS hat sich GOTT entblößt

in dir, CHRISTUS
hat sich GOTT entblößt

sicherheitsabstand und schutzkleidung
waren nie deine stärke

und windeln und leichentuch
nur vorübergehende funktionskleidung

sie schützten dich
weder vor dem leben noch vor dem tod

doch beides hast du erwählt
und alles dazwischen

gottverlassen hängst du hier
und bist mir genau darin so oft nahe

## Karsamstag: Wo die Liebe hinfällt ...

Am Karsamstag ist nichts …
Der Karsamstag ist sozusagen der absolute *Lockdown*, um im Jargon dieser Tage zu bleiben.
Das stimmt natürlich nicht ganz.
Ich meine, dass nichts ist …
Es gibt keine Eucharistiefeier (die Osternacht gehört ja liturgisch schon zum Sonntag), und es gibt nicht einmal Krankenkommunionen (außer im Notfall eines nahen Todes), aber darüber hinaus ist es ein Tag mit Schlafen, Essen, Beten und vielem mehr und trotzdem gleichzeitig auch mit vielem weniger.

Es ist ein Tag des Wartens, des Dazwischen.
Jesus ist tot und begraben.
Trauer wie nach einer Beerdigung ist angesagt und selbst wenn man Ostern schon im Blick haben sollte, bleibt erst einmal die Stille des Tages nach einer Beerdigung.
Im Kreuzweg hörten wir, wie Jesus dreimal auf dem Weg hoch zum Felsen Golgota zusammengebrochen und gefallen ist.
Jetzt ist er endgültig zusammengebrochen und gefallen …
… aus dem Leben.

Aber warum ist das alles geschehen?
Ich bin mir nicht sicher, ob das wirklich erklärt werden kann oder muss. Reicht es nicht, dass dies alles auf jeden Fall etwas mit Jesu Überzeugung, Hingabe und Liebe zu tun hat?

Mir kommt dabei immer eine Formulierung aus dem Englischen in den Sinn. Dort heißt es so schön für das „sich verlieben“: to fall in love.
Man fällt in Liebe.
Vielleicht ist genau das die richtige Beschreibung für den heutigen Tag.
Es ist der Tag der gefallenen Liebe.
An dem Jesus in Liebe gefallen ist.
Der Tag, an dem diese Liebe hingefallen ist und erst einmal daliegt.
Aber eines ist zum Glück sicher:

Wo die Liebe hinfällt …
… da steht sie auch wieder auf.

*Marcel Brell & Alin Coen – Wo die Liebe hinfällt*

## Osterwoche:
## Ostern auf einen Schlag und irgendwie auch nicht

*Natürlich ist Jesus irgendwie plötzlich auferstanden.*
*Diesen plötzlichen Moment versuchen die einsetzende Orgel zum Gloria und das Entzünden des Lichtes auf einen Schlag in der Osternacht irgendwie einzufangen.*

*Aber natürlich brennt die Osterkerze, das Licht in der Dunkelheit, das Leben im Tod ein wenig vorher schon auf, und nach dem Gloria verlässt auch niemand schon die Kirche, weil er oder sie denkt: Ah, es ist Ostern. Gut, dann kann ich ja beruhigt gehen.*

*Ostern geschieht auf einen Schlag und irgendwie auch nicht.*

*Vor allem die Osterbotschaft irgendwie nicht.*
*Die Menschen, die dem Auferstandenen und somit dieser Botschaft von Ostern, dem Zentrum unseres Glaubens und Hoffens, begegnen, brauchen ihre Zeit, um diese Botschaft in ihrem Kopf und in ihrem Herzen ankommen zu lassen.*
*Das alles geschieht Schritt für Schritt und Tag um Tag.*

*Genau davon erzählt uns die Osterwoche …*

## Ostersonntag: Über die österliche Unruhe

Kar- und Ostertage – und keine öffentlichen Gottesdienste. Ich spüre, wie sich dadurch und durch vieles andere in Gesellschaft und Kirche eine große Unruhe verbreitet. Von einigen Menschen höre ich darin eine Sehnsucht, dass sie jetzt endlich wieder zurückmöchten, zurück in den Alltag, zurück in die Gottesdienste, zurück in die Normalität.
Warum?
Weil die alte Normalität eingespielt war.
Natürlich war das Altbekannte vorher auch nicht immer bequem, aber auf jeden Fall bequemer als alles, was jetzt ist bzw. nicht mehr ist.

Die vergangenen Wochen haben mir persönlich erzählt und klargemacht, in was für einer Konsumhaltung viele Christen*innen leben und glauben: zum Gottesdienst gehen, sich darauf verlassen, dass ihnen eine mehr oder minder ordentliche Liturgie geboten wird, dass sie eine (natürlich auf ihr persönliches Leben abgestimmte und in passenden Häppchen servierte) Predigt hören und sie dann auch noch etwas auf die Hand und in den Mund bekommen. Das ist alles so selbstverständlich geworden. Wie bequem wir doch geworden sind …

Und gerade in diesen Tagen, in dieser Wahrnehmung, in dieser Situation hat mich ein Ostergedanke von Tomáš Halík sehr angesprochen. In einem seiner Texte erinnern ihn die leeren Kirchen dieser Tage an das leere Grab von damals und die Frauen, die den Engel sagen hören: „Er ist nicht hier. Er ist auferstanden. Er geht euch voraus nach Galiläa.“

Was ist, wenn gerade diese Tage mich auffordern, dass ich aus meinem Couch-Potato-Glaubensdasein herausfinden soll?
Aus dem starren Glaubensgrab, das ich mir selbst geschaufelt habe?
Mich aufzumachen, mich nicht mehr bedienen und mir alles Mögliche auftischen zu lassen, sondern auf die Suche zu gehen,
wo mein ganz persönliches Galiläa heute ist
und wo und wie ER mir ganz persönlich in diesen Tagen begegnet?

Was ist, wenn diese Unruhe, die sich breitmacht, eine heilige Unruhe ist, die mich nicht in alte, ausgetretene Pfade zurückführen möchte, sondern dem Auferstandenen entgegen?
„Er ist nicht hier!“
Aber ich bin gespannt, wo und wie ER heute auf mich wartet.

Ein Hoch auf die Unruhe!

## Über das Schärfen der (Oster)Sinne

Meine Wahrnehmung hat mich in diesen reduzierten Zeiten nun schon öfters direkt oder indirekt beschäftigt.
Die Sinne schärfen.
Auf mich hin.
Auf meine Umgebung hin.
Aber vielleicht auch auf Ostern hin …?

## ostersinn

wie sich auferstehung anhört?
ich bin mir nicht sicher
ich glaube wie leise sohlen
auf jeden fall barfuß
auf keinen fall unerhört

und wie sie schmeckt?
was für eine frage
natürlich wie frischer hefezopf
mit butter und erdbeermarmelade
der ewig auf der zunge zergeht

und wie fühlt sie sich an?
keine ahnung
aber eines tages
werde ich es
aus dem grab herausfinden

## Über kontaktlose Ostern und die Begegnungen am Rande

Komische Ostertage sind das in diesem Jahr …
Keine Besuche von der Familie.
Keine Besuche bei lieben Menschen.
„Nur“ Telefonate, Videochats und vielleicht die eine oder andere zufällige Begegnung und das eine oder andere Wort mit Menschen, die mir beim Spazierengehen über den Weg laufen.

Aber die Osterevangelien dieser Tage erzählen mir doch, dass ich genau diese Erfahrungen in der scheinbaren Distanz und im Nebenbei des Alltags nicht zu gering schätzen sollte.
Die Begegnungen mit dem Auferstandenen sind meist auch nur im Vorbeigehen geschehen.
Das, was oft große Freude (aber auch oft Angst und Nichtverstehen, weil die Situation sich so radikal ändert) auslöst, sind wenige Worte und kurze Augenblicke.

Maria Magdalena, die Jesus erst erkennt, als er sie mit Namen anspricht.
Die Emmausjünger, die ihn eine Zeitlang als Weggefährten haben (wahrscheinlich noch ohne Sicherheitsabstand), die aber den Sicherheitsabstand in ihrem Herzen, in ihrem Verstand und auf ihren Augen haben und ihn deswegen nicht erkennen. Erst anschließend geschieht es bei einer einfachen Geste: beim Brotbrechen.
Oder Thomas, der Zögerer und Forderer, der Christus an den Wunden erkennt.
Das war auch keine stundenlange Begegnung. Das war auch fast nur im Vorbeigehen.

Genau darin begegnet uns Jesus immer wieder.
Im Kleinen.
Im Moment.
Als Vorübergehender.
Plötzlich und unerwartet.

Wie es wohl ist, wenn ich nächstes Mal meinen Namen höre (ob am Telefon, per Videochat oder sonst wo) oder mit jemandem am Tisch sitze oder einfach eine dieser kurzen Begegnungen habe?

Er wird da sein.
Immer wieder und immer neu.

## Über die Furchtlosigkeit

„Fürchtet euch nicht!“
Das ist es, was die, die dem Auferstandenen begegnen, manchmal zu hören bekommen.
In diesen Worten klingen viele Menschen mit, die diese Worte früher auch schon zugesagt bekommen haben.
Abraham, Mose, Maria, Joseph, die Jünger …

Immer wieder diese Worte.
In Zeiten der Ungewissheit, in Zeiten der Entscheidung, in Zeiten der Gefahr, Not und Trauer.
Fürchtet euch nicht!
Fürchte dich nicht!
Gott ist bei dir!
Komme, was wolle!
Nur, wie ist das denn jetzt genau gemeint?

Eine Frau meinte neulich mir gegenüber, dass es egal sei, was es für Coronavorgaben an Abständen und Hygienekonzepten gebe, denn es sei ja eh schon alles vom lieben Gott festgelegt, wer krank werde und wer nicht.

Ähhhh … NEIN. Das ist deterministischer Mist und hat mehr mit Naivität als mit Gottvertrauen zu tun.

Ich glaube nicht, dass dieses „Fürchtet euch nicht“ meint, dass wir unsere Freiheit und unsere Entscheidungen (und unser Hirn) an Gott abgeben sollen/dürfen/müssen.

Vielmehr geht es gerade darum, dass wir frei in unseren Entscheidungen sind und Gott uns darin wie ein guter Freund begleitet.
Vielleicht ist der Subtext dieser Worte:
„Was auch passiert,
was du auch für Entscheidungen triffst,
wenn auch manches schiefläuft …
… ich begleite dich darin."

Deshalb reihe dich einfach in die Namensreihe ein … Abraham, Mose, Maria, Joseph, die Jünger … und Du (*Name*):

Fürchte dich nicht!

## Über die Langsamkeit von Ostern

Ich hätte gerne alles sofort.
Zumindest wenn nicht sofort, dann getaktet und geplant.
Denn erstens bin ich Kind meiner Zeit und zweitens Deutscher.

Wenn ich heute etwas im Internet bestelle, dann möchte ich, dass es morgen da ist.
Wenn gestern schon Corona war, dann soll es heute weg sein. Scher dich fort!
Und wenn heute Auferstehung dran ist, dann bitte wie vorgesehen und geplant:
Osternacht, Osterfeuer, Osterkerze, Lumen Christi, Zack-Bumm: Auferstehung! Here we go!

Wenn das nur so einfach wäre …

Ostern kann man nicht machen.
Es geschieht manchmal auch langsam.
Kommt auf leisen Sohlen.
Nicht mit Zack-Bumm.
Kommt nicht laut, sondern schleicht sich manchmal heimlich von hinten an.
Ostern nimmt sich Zeit.
Gibt jedem seine Zeit.
Die, die er oder sie braucht.
Maria Magdalena, Petrus, Thomas, den Emmausjüngern und auch mir.

Eine Pandemie braucht so viel Zeit, wie eine Pandemie eben Zeit braucht.
Der Auferstandene gibt mir so viel Zeit, wie ich eben Zeit brauche.

Vielleicht nicht gleich heute, aber irgendwann …
… irgendwann erwischt ER mich in einem schwachen Moment, in meiner Blindheit, in meiner Begrenztheit und meinem Unglauben und dann packt ER mich sanft am Schlafittchen.

Vielleicht nicht gleich heute, aber irgendwann …

## Über die Fettigkeit des Glaubens und der Milch

Ich hasse 1,5%-Fett-Milch.
O.k., hassen klingt ein wenig hart.
Ich finde keinen Zugang zum Sinn von 1,5%-Fett-Milch, aber dazu später mehr …

Wir sind mitten in der Osterwoche.
Quasi ständig erscheint Jesus als Auferstandener nun irgendjemandem im Evangelium.
Da könnte man doch mal die Grundfrage stellen:
Glaubst du das? Glaubst du an die Auferstehung?
Bitte die Antwort kurz und knapp halten:
Ja. Nein. Vielleicht.

An alle Ja-ler*innen:
Herzlichen Glückwunsch!
Du bist der Johannes unter den Gläubigen.
Ich selbst kann dieses „Ja“ leider nicht immer und überall so klar sagen.

An alle Nein-ler*innen:
O.k., dass ist deine Meinung, aber warum liest du das hier überhaupt?
Beweise, die dich umstimmen werden, wirst du hier wahrscheinlich nicht finden.

Und nun zu dir, Vielleicht-ler*in:
Deine Antwort ist vielleicht die spannendste.
Sie ist suchend, zweifelnd, offen.
Aber wie viel muss man glauben, um gläubig zu sein, und wo ist die Grenze?
Wie viel „Vielleicht“ darf es geben?

Jetzt kommen wir zur Fettigkeit der Milch.
Warum gibt es 1,5%-Fett-Milch?
Neulich gab es keine andere mehr, und ich musste sie notgedrungen kaufen. Aber was ist das bitte? Die schäumt in meinem Milchaufschäumer nicht richtig. Die schmeckt wie eingefärbtes Wasser. Als Milchbauernsohn, der früher

noch fettere Milch bekommen hat, weiß ich nicht, was das soll.

Wie viel muss ich glauben?
Ganz einfach: 3,8% ist super, 1,5% ist Mist.
Irgendwo dazwischen ist die Grenze.

Aber das glaube natürlich nur ich.
Vielleicht fehlt mir einfach der Zugang, denn vielleicht …
… vielleicht reichen auch 1,5%?!

## Über das stille und heimliche Aussäen

Gestern war wieder einer dieser Freitage, wie immer in diesen Wochen. Irgendwann am Nachmittag sollte ich mich aufmachen und unser Hausgebet zu unseren Kirchen bringen. Ich war spät dran. Eigentlich war schon Zeit für mein Stillegebet. Mist.
Gebet ist wichtig, aber andere Dinge leider auch …

Ich drehte also meine wöchentliche Runde. Klar, meistens treffe ich im Vorbeigehen immer irgendjemand. Dieses Mal war es anders.
Es waren ca. 15 Menschen aus unserer Kirchengemeinde, die mir auf meiner Runde zwischen den drei Kirchen über den Weg liefen. Jüngere und ältere. Zu Fuß und auf dem Rad. Manchmal war es nur ein „Hallo“, manchmal auch ein paar Worte, wie es geht und was gerade ansteht.

Es war richtig gut, einander zu treffen.
Zu sehen und zu hören, dass der jeweils andere noch da ist.
Dass wir noch da sind.

Als Menschen. Als Verbundene. Als Kirchengemeinde. Als Glaubende, Sorgende und Hoffende. Und ich glaube, nein, ich weiß: Während wir unterwegs waren, trat Jesus selbst in unsere Mitte. Und das nicht weniger, als wenn ich daheim im Stillegebet gewesen wäre.
„Während sie unterwegs waren, trat Jesus selbst in ihre Mitte …" (Lk 24,36).

Er war da, ist mitgegangen und hat sich die lauten und leisen einzelnen Sorgen angehört und ganz still und heimlich Hoffnungssenfkörner unter uns ausgesät.
Er war da.
Auch in vielem anderen. In der Musik, die ich auf dem Weg gehört habe, in der zarten Weichheit der Obstbaumblüten, im Geruch des frischgemähten Grases und im kurzen Stillegebet danach.

Alfred Delp hatte recht: „Die Welt ist Gottes so voll. Aus allen Poren der Dinge quillt er gleichsam uns entgegen."
Überall ist Emmaus.
Überall ist das leere Grab.
Nicht nur in den leeren Kirchen, sondern gerade auf allen Wegen dazwischen!

## 2. Sonntag in der Osterzeit: Über den Sinn und den Unsinn, ungläubig zu sein

Ich mag diesen Thomas aus dem heutigen Evangelium (Joh 20,19–31).
Schon immer.
Auch oder vielleicht gerade weil er so selbstbewusst und wunderbar ungläubig ist.
Der hat nichts Falsches gemacht. Der hat nur gesagt, was er dachte und was er brauchte. Die anderen Jünger hatten leicht reden, die hatten Jesus ja selbst schon gesehen. Thomas ist es, der jetzt einfach glauben soll, was die andern ihm da erzählen.

Klar, Thomas soll jetzt ein wenig wie Johannes, der Lieblingsjünger, sein. Der hat ja schließlich schon alles geglaubt, als er nur das leere Grab gesehen hat.
Ja, ja, Johannes, du bist und bleibst ja so toll!!!

Manchmal muss man aber auch sagen dürfen: Ich kann das nicht glauben. Ich muss es selber erfahren.
Natürlich. Immer funktioniert das nicht.
Wenn Thomas heute etwa sagen würde: „Ich glaube das nicht, das mit diesem komischen Corona. Ich habe es noch nie gesehen und nur, weil die anderen das sagen … Bevor ich nicht dieses Virus in meiner eigenen Lunge spüre, glaube ich nicht.“
Diese Einstellung wäre, gelinde gesagt, nicht nur ungläubig, sondern ziemlich unvorsichtig und dumm.
In diesem Fall lohnt es sich manchmal doch ein wenig, Johannes zu sein bzw. auf die anderen Jünger zu hören.
Auf das zu vertrauen, was man an Statistiken dargestellt

bekommt, was man an Indizien sieht und was einem erfahrene Menschen empfehlen.

Manchmal darf man Thomas sein, muss es vielleicht sogar sein.
Manchmal aber auch Johannes.
Thomas hat ja als Beinamen „Zwilling".
Ich stelle mir nun einfach vor, dass Johannes sein Gegenzwilling im Geiste bzw. im Glauben und Zweifeln ist.

Die Kunst ist nicht, dem einen oder dem anderen die Hand zu reichen und mitzugehen.
Die Kunst ist, abzuwägen, wann mich der Weg des einen und wann mich der Weg des anderen zu mehr Leben, nötiger Erfahrung und Vertrauensweite führen wird.

Mal schauen, mit wem ich in den kommenden Tagen mitgehen sollte …

# Osterzeit:
# Das Oster-Heute auch auf der Langstrecke bewahren

*Seit Jahren lässt mich das kleine Wort „Heute“ im Lukasevangelium besonders aufhorchen.*

*Zum Beispiel zu den Hirten am Weihnachtstag abseits der Zivilisation:*
*Heute ist euch der Heiland geboren!*
*Oder zu Zachäus auf dem Baum am Straßenrand:*
*Heute muss ich bei dir zuhause zu Gast sein!*
*Oder zum Schächer, gottverlassen am Nachbarkreuz:*
*Heute noch wirst du mit mir im Paradies sein!*

*Am Rande des Lebens, auf den abseitigen Wegen und an den Abgründen begegnet dieses „Heute“ vielen Menschen, die Zusage, dass Gott sie begleitet, oder man könnte auch sagen, dass Ostern heute für sie ist, egal, was ist, wie bescheiden, verfahren oder aussichtslos eine Situation und ein Tag auch sein mag.*

*Eine Osterwoche lang Ostern zu feiern ist keine Kunst.*
*Die Herausforderung und Kunst ist es, diesem Ostern auch weiterhin im Alltag zu vertrauen, in der Abgründigkeit des normalen Lebens und nicht nur im Festmodus auf der rosa Wolke.*
*Dieses Heute jetzt, hier und heute weiterhin zu hören.*
*Jeden Tag!*

*Wenn das so einfach wäre, bräuchten wir keine geprägten Zeiten, bräuchten wir keine gesonderten Feiertage oder sonstigen Traditio-*

*nen, denn diese sind für nichts anderes da, als uns immer wieder auf dieses Heute hinzuweisen und einzuspuren.*

*Vielleicht ist die Osterzeit deshalb eine ganz gute Übungszeit, um herauszufinden, wo das leere Grab und der Auferstandene heute und jeden Tag auf mich wartet …*

*… um den Nachhall dieses HEUTE auch danach immer noch zu hören und darauf vertrauen zu können.*

## Über Karsamstagsschatten und das Liebhaben der Fragen

2. Woche nach Ostern.
Die Tage direkt nach Ostern waren irgendwie gut.
Osterevangelien. Begegnungen. Neuanfang.

Und nun?
Kontaktsperreverlängerung. Gottesdienstöffnungsbeschränkungsdiskussionen. Einkaufsmaskenpflicht.

Schon allein die Worte waren vergangene Woche leichter, klarer und hoffender.
Keiner weiß, wie lange das alles noch gehen wird.
Keiner weiß, wie mittelfristiges Planen möglich ist.
Kein Gefühl von Neuanfang, nur „Fahren auf Sicht", wie es gerade immer wieder heißt.

Irgendwie fühlt es sich so an, als habe ich in vielem auf Ostern hingelebt.
Ostern ist nun „vorübergegangen", aber die Ohnmacht des Karsamstags ist mir als Schatten still und heimlich gefolgt.

Und die Evangelien sind in diesen Tagen auch keine große Hilfe: das Nikodemusgespräch und andere Teile von diesem komplizierten Johannes. (Ein früherer Chef von mir sagte mal: Wenn man ein Evangelium vorliest, bei dem man nach zwei Sätzen schon nicht mehr versteht, was der Erzähler eigentlich sagen wollte, dann ist es immer Johannes.)
Diese Texte fühlen sich auch nach „Fahren auf Sicht" an. Vieles bleibt schleierhaft und unberechenbar. Nicht nur für mich und Nikodemus.

Alles aus dem alten Leben wird in Frage gestellt.
Alles im gegenwärtigen Leben ist unsicher.
Alle gemachten Pläne für das zukünftige Leben scheinen völlig zu verschwinden.

Rilke hat einmal in seinen Briefen an einen jungen Dichter davon geschrieben, Geduld aufzubringen und nicht nach dem zu streben, was gerade nicht geht, sondern die offenen Fragen, die das Leben jetzt stellt, lieb zu haben und mit diesen umzugehen.
„*Leben* Sie jetzt die Fragen. Vielleicht leben Sie dann allmählich, ohne es zu merken, eines fernen Tages in die Antwort hinein."
Vielleicht geht es gerade heute darum, bei allen Karsamstagsschatten, bei allem Ungewissen und Schleierhaften, nicht Illusionen in eine ungewisse Zukunft hinein zu spinnen, sondern jetzt und heute umsichtig mit dem zu leben, was gerade geht.
Nicht mehr und nicht weniger.

Heute mit den Fragen zu leben, die nicht beantwortet werden können.

Heute weiter auf Sicht zu fahren.
Heute diesem Jesus zuzuhören, zu vertrauen und mitzugehen und eines Tages in die Antworten hineinzuleben und hineinzusterben, was hoffentlich das Gleiche sein wird.

## Über nachösterliche Desinfektionsmittelhalterungen

Neue Begriffe prägen unsere Nachrichten seit Wochen.
„Lockdown" und „Systemrelevanz" sind da ganz vorne mit dabei.
Die ersten Lockerungen stehen nun langsam, aber sicher an, und es folgen daraus nicht nur praktische Änderungen, sondern auch neue Begrifflichkeiten. Einer davon ist die „neue Normalität", in die wir nun hineinfinden sollen.
Spannend.
Ich dachte immer, Normalität ist das, was ich schon kenne, und eben darum eher etwas Altes. Vielleicht will dieser Begriff aber gerade davon erzählen, dass nicht alles neu sein wird, aber dass es in dieser Normalität neue Dinge, die unsere Aufmerksamkeit fordern werden, geben wird.

Ein solches Ding hat dieser Tage in unserer Pfarrbürotoilette Einzug gehalten: eine feste Halterung mit einer Pumpflasche Desinfektionsmittel.
So sieht also die neue Normalität aus: die neue Pumpflasche in der „alten" Toilette.
Sie erinnert mich daran, dass ich achtsam sein soll, und fordert mich ganz praktisch beim Händedesinfizieren dazu auf.
Es gibt die alte Normalität vor und die neue Normalität nach Corona.

Die neue ist nicht komplett anders ...
Die Räume sind nicht komplett anders ...
Die Menschen sind nicht komplett anders ...
... und doch sollte alles von Veränderung durchdrungen sein.

Vor ein paar Tagen war Ostern.
Mich bewegt nun die Frage: Was ist danach anders?
Gibt es für mich auch eine alte Normalität vor und eine neue Normalität nach Ostern?
Und wenn „ja“: Welches sind meine fest installierten, nachösterlichen Desinfektionspumpflaschen, die mich in meinem „alten Leben“ achtsam machen und mir ganz praktisch helfen wollen, diese neue Normalität immer wieder in meinem Leben, meinem Glauben und meinem Hoffen wahrzunehmen und in es zu integrieren?

## Über die Unbedingtheit des Wagnisses

Bei einer Tagung vor ein paar Wochen habe ich einen Gedanken über den „Tutiorismus[1] des Wagnisses“ von Karl Rahner gehört, den ich damals schon unglaublich charmant fand und der sich für mich in der Osterzeit nochmals neu manifestiert hat:
„Der einzige heute im praktischen Leben der Kirche erlaubte Tutiorismus ist der Tutiorismus des Wagnisses. Wir dürfen heute eigentlich nicht bei der Lösung von echten Problemen fragen: Wie weit muss ich gehen, weil es einfach von der Situation erzwungen wird, wenigstens so

1 Haltung, die zwischen zwei Möglichkeiten immer die sicherere wählt.

weit zu gehen, sondern wir müssten fragen: Wie weit darf man unter Ausnützung aller theologischen und pastoralen Möglichkeiten gehen, weil die Lage des Reiches Gottes sicher so ist, dass wir das Äußerste wagen müssen, um so zu bestehen, wie Gott es von uns verlangt?"
*(Aus: Rahner, Karl, Die grundlegenden Imperative für den Selbstvollzug der Kirche in der gegenwärtigen Situation, in: Sämtliche Werke, Bd. 19).*

Das Wagnis hat uns Gott ins Stammbuch der Kirche geschrieben, nicht die Sicherheit.

Von unserem Glauben her ist völlig klar:
Beziehung zu leben ist ein Wagnis.
Zu verzeihen ist ein Wagnis.
Vom leeren Grab zu hören, den Begegnungen der damaligen Menschen mit dem Auferstandenen zu vertrauen und daraufhin Gott im eigenen Leben zu suchen ist ein Wagnis.
Nur das Wagnis lässt uns über das hinauswachsen, was wir sehen und fassen können, was wir begleiten und verstehen können.
„Die Hoffnung aber, die man sieht, ist nicht Hoffnung; denn wie kann man auf das hoffen, was man sieht?" (Röm 8,24).
All unser Glauben, Hoffen und Lieben ist waghalsig bis zum Gehtnichtmehr.

Von unserer Kirche her sieht das aber doch ein wenig anders aus:
Was wagen unsere wohlsituierten und eingespielten Kirchengemeinden?

Wie oft habe ich das Gefühl, dass wir lieber all das, was wir haben und kennen, in Rechtsformeln und Hirtenworten festhalten und viele unserer Sehnsüchte und gegenwärtigen Realitäten in eine scheinbare Büchse der Pandora abschieben, diese verschließen und weit weg verstecken. Aber verbirgt sich nicht in all dem so schnell Weggeschobenen und Weggeschlossenen auch ein winkender Veränderungszaunpfahl Gottes, der in das Wagnis des leeren Grabes führen möchte, und sollten wir Veränderung weniger als schnelllebige Gefahr der Moderne sehen, sondern mehr als das Wagnis, in dem Gott uns begleiten wird?
So wie er die Menschen damals am leeren Grab weit über die Grenzen ihres Hoffens und ihrer Vorstellungskraft hinaus begleitet hat.

Mein heutiger nachösterlicher Wunsch für mich und meine Kirche:
Nimm uns die Angst vor dem Wagnis der Veränderung und begleite uns auf allen Wegen und nicht nur auf denen, die wir uns ausgesucht haben.

## 3. Sonntag in der Osterzeit: Über das Einfach-Dastehen eines Freundes

Ich werde mitgenommen an den See von Tiberias bzw. Genezareth (Joh 21,1–14).

Die Jünger fischen wieder, aber erfolglos.

Etwas, das früher schon passiert ist und sicherlich auch in Zukunft wieder passieren wird. Davor schützt auch keine Auferstehung.

Und so fühlt sich gerade auch vieles in meinem Leben an. Leere Netze, so weit das Auge reicht …

… und dann steht Jesus am Ufer.

Spoiler-Alarm: Durch ihn werden die Netze nachher wieder voll sein, aber so weit bin ich noch nicht, so weit ist mein Leben leider noch nicht.

Erst einmal ist er einfach da.

Erst einmal tut es einfach gut, in all der Leere ein vertrautes Gesicht zu sehen. Noch weit entfernt, nicht ganz zu erkennen, aber doch vertrauenerweckend.

Wie ein alter Freund, der auftaucht. Alles spiegelt sich in ihm und dieser Begegnung, alles, was man mit ihm erlebt hat, die guten und die schweren Zeiten.

Und darin zeigt sich mir ein Funken Hoffnung, dass ich nicht alleine bin. Natürlich, die Netze sind gerade immer noch leer, Fische gibt es noch keine darin und Hoffnung und Sehnsucht kann man schlecht damit einfangen, aber doch fühlen sich meine leeren Netze plötzlich leichter an. Der erste Schritt, damit sie hoffentlich bald wieder schwer und voll sein werden, ist getan, und das alles nur durch einen vertrauten Menschen, der einfach dasteht …

## wenn du dastehen würdest ...

wenn du dastehen würdest
herr
wie bei den jüngern am see
einfach dastehen

würde ich dich erkennen?
oder würde ich mich erkennen
und das netz des alltags
wie es mich wieder eingesponnen hat
eingefangen und leergepresst
als wäre nie etwas passiert

wenn du dastehen würdest
herr
würde ich dich erkennen?
ich weiß es nicht

aber ersehnen
in der sorgenfülle meiner leeren netze
in der nicht enden wollenden nacht
im salz das wieder in der luft liegt
und in der bewegung des wassers
das einst meine füße wusch
wenn du dastehen würdest
herr
und mich einladen würdest
erneut

zum tanz auf dem see
zum schlichten mahl
und zum leeren grab

ich würde mich endlich erinnern
an eine hoffnung
die jedes netz der welt erfüllen kann

## Über das nahe, aber nicht zu nahe Sein

Als ich gestern spazieren war, fuhr ein Vater mit seiner kleinen Tochter auf Fahrrädern an mir vorbei. Die kleine Tochter rief ihrem Vater zu: „Ich bin direkt nahe hinter dir, Papa, aber nicht zu nahe.“
Vielleicht ein Satz, der selten gut die derzeitige Situation zwischen Abstandhalten und Beziehungen leben auf den Punkt bringt.
Aber nicht nur das.
So geht es mir auch noch mit dem gestrigen Evangelium (Joh 21,1–14).
Es verfolgt mich auch noch. Geht mit. Ist ganz nahe und doch nicht zu nahe. Drängt sich nicht auf und erklärt auch wenig. Lässt meinen Gedanken seine eigenen Wege und folgt diesen.

Und darin geht es um meine Vergangenheit …
… wo ich herkomme. Klar, ich komme nicht aus einer Fischerfamilie am See Genezareth. Aber vielleicht geht es erst einmal nur darum, dass die Jünger eine Herkunft und eine Geschichte haben und sie jetzt gerade wieder dort sind. Das, was sie von klein auf geprägt hat, was sie erlernt haben, wird sie nie ganz loslassen. Menschenfischer hin oder her.
Es geht hier um den Ort ihrer und meiner Erstberufung, weil dort damals etwas Neues begonnen hat.

Darin geht es um meine Zukunft …
… und dass die Jünger und auch ich diese Zukunft viel weniger in der Hand haben, als uns lieb ist.
Nur wenige Mittel, die Netze und das Boot, die uns zur Verfügung stehen.
Und obwohl wir wenigstens das alles haben, heißt das aber leider nicht, dass wir etwas fangen werden.
Frustrierend, aber so ist es. Jeden Tag.
Wie gern hätte ich (und sicherlich auch die Jünger) mehr selbst in der Hand …

Und mitten darin, mir gegenüber, die Gegenwart Jesu …
… sein Dasein und sein guter Rat, die trotz aller Unsicherheiten eine erfüllte Zukunft verheißen.
Diese Begegnung am See erzählt von einem Angenommensein, egal wo ich herkomme, wie ich bin und was auch passiert ist.
Und sie erzählt den Jüngern und mir davon, dass manch ein zerrissenes Erstberufungsnetz neu geknüpft werden kann.

Und jetzt merke ich, dass sich ein Wunsch in mir breitmacht:
Ich hoffe und bitte und bete und vertraue, dass Jesus weiterhin dasteht,
dass er mir weiterhin meinen Freiraum lässt
und dass er weiterhin gegenwärtig im Getanen und Vertanen, in den Möglichkeiten und Unberechenbarkeiten ist,
dass er mir folgt.
Direkt nahe hinter mir, aber nicht zu nahe. Wie damals am See.

*PS: Ach ja, und bevor ich es vergesse und bevor ich dich, Herr, wieder vergesse: Schick mir auch weiterhin jemanden, der, wenn ich wieder mal blind und leer vor Alltag bin, neben mir steht und mir sagt: Es ist der Herr.*
*Bitte …*

## Über alte und neue Kohlefeuer

Joh 21 beschäftigt mich weiterhin.
Manchmal gibt es das ja.
Manchmal ist ein Bibeltext eine Sekunde nach dem Lesen schon irgendwo in meinen Gedankengängen versickert, und manchmal brennt und klammert er sich fest, als wolle er noch Buchstabe für Buchstabe und von verschiedensten Blickwinkeln aus durchdacht und durchbetet werden.

Letzteres ist gerade der Fall.

Immer noch die Jünger am See Genezareth (der hier immer noch See von Tiberias heißt).
Immer noch Jesus am Seeufer.
Immer noch leere und volle Netze.
Immer noch das Kohlefeuer …

… das Kohlefeuer.
Das ist es, was sich in meinen Gedankengängen festgebrannt hat.
Das Kohlefeuer. Weiterhin stehe ich davor.

Es ist nicht das erste Kohlefeuer in diesen Tagen. Das erste wärmte diesen schwachberufenen Petrus, als er Jesus verleugnete. Das Licht der Welt war am Erlöschen, und er

wärmte sich woanders, bekam Angst und verleugnete seinen Glauben, sein Hoffen, seine Freundschaft und sich selbst. Klar, es war eine Extremsituation. Aber in Extremsituationen scheint oft plötzlich das wahre Wesen vieler Menschen auf. Der Selbsterhaltungstrieb wird dann leider meist wesentlich stärker, als dass das Rückgrat stabil bleibt. Wie sagte eine sehr geschätzte und erfahrene Kollegin von mir immer: „Wissen Sie, in Ihrem Berufsstand gibt es nicht viele Menschen (Männer) mit Rückgrat."
Vielleicht bin ich und sind viele von uns darin gute Nachfolger Petri …

Aber es geht hier natürlich nicht nur um Petrus …
Menschen, die Extremsituationen und darin vielleicht Enttäuschung oder hier sogar Verrat erlebt haben, gehen sich normalerweise in Zukunft aus dem Weg. Sie stellen sich normalerweise ungern dem Vergangenen.
Aber hier ist es anders.
Es ist ein neues Kohlefeuer.
Kein Wort Jesu an Petrus über das Davor.
Kein Aus-dem-Weg-Gehen.
Ganz im Gegenteil: nicht einmal ein einziger Vorwurf.
Keine Zurechtweisung.
Nur die folgende, dreimalige Frage: *Liebst du mich?*
Zuwendung. Weitergehende Beziehung. Vergebung. Ja, sogar ein schwerwiegender Auftrag, trotz allem, was geschehen ist: *Weide meine Schafe.*
Vielleicht ist es für mich und meinen Berufsstand doch noch nicht zu spät …

Das alte Kohlefeuer ist beschämend und glimmt an vielen Stellen meines Lebens leider immer weiter, aber vielleicht ist es gerade deshalb wichtig, immer wieder an das zweite heranzutreten und sich daran zu wärmen.

Immer und immer und immer wieder …

## Weltgebetstag um Geistliche Berufungen: Über das langweiligste Tennisspiel der Welt

Am vergangenen Sonntag, den 3. Sonntag nach Ostern, war und ist der Weltgebetstag um geistliche Berufungen. Viele Kommentare wurden im Zuge dieses Tages und auch noch danach in den sozialen Netzwerken abgegeben…

Ein Tag, der die Gemüter immer wieder ein wenig spaltet. Die einen würden gerne Exklusivrechte buchen, für wen denn da gebetet werden sollte, und die anderen sprechen die ganze Zeit so viel darüber, für wen an diesem Tag nicht gebetet wird, so dass sie fast keine Zeit mehr zu haben scheinen, überhaupt für jemanden noch beten zu können.
Beide Seiten sparen nicht mit Argumenten, die schon so oft ausgetauscht worden sind, dass sie mir manchmal wie das langweiligste Tennisspiel der Welt vorkommen.

Gleich vorneweg:
Ich halte nichts von Drohgebärden in der Art von „wenn jetzt nicht was geschieht und die Kirche sich ändert, dann sind bald alle Leute weg und die katholische Kirche schafft sich selber ab".
Warum nicht? Weil es, wenn ich mir meine Gläubigen so anschaue, leider nicht stimmt. Hinter den Drohgebärden stecken leider oft nicht mehr als reine Wunschvorstellun-

gen derjenigen, die diese Worte aussprechen. Das ist so wie in den 1970ern mit der Ölkrise. Da hat man auch gesagt, dass wir bald nichts mehr haben werden, und jetzt ...? Zusätzlich geht es mir in diesen Debatten allzu oft um Gleichberechtigung und Macht. Das sind Themen, die auf jeden Fall wichtig sind und angegangen werden müssen; das ist keine Frage ...

... was mir aber dabei oft zu kurz kommt:
Es geht doch grundlegend immer um die Frage, was uns „beziehungstechnisch" Christus näherbringt und was uns hilft, das Evangelium besser zu verkünden.
Wenn wir unglaubwürdig sind, weil wir so viele Menschen von bestimmten Diensten ausschließen, wenn es uns hindert, die frohe Botschaft zu verbreiten, weil wir so viele Blickwinkel und Lebensrealitäten im Feiern und in der Verkündigung gerade nicht sehen und hören können, dann müssen wir, verdammt noch mal, etwas daran ändern, weil es nicht um uns und die Selbsterhaltung eines starren Kirchensystems geht, sondern um den, den wir verkündigen, und das, was mich und uns alle mit Hoffnung, Glauben und Liebe erfüllt, was vielleicht nie nicht vielfältig genug verkündet werden kann!

Deswegen:

### über den heiligen geist und seine einflugschneise

selig
die erfahren wie david
dass gott salbt und beruft
wen wir gar nicht auf dem schirm haben

selig
die ja sagen wie maria
mutig und frei
zu dem was gott mit ihnen vorhat

selig
die träumen wie josef
sich berühren und berufen lassen
gegen alle vorgegebene engstirnigkeit

selig
die standhaft sind wie maria magdalena
und ihrer beziehung zu christus trauen
weit über leben und tod hinaus

selig
die vertrauen auf den heiligen geist
der weder einäugig
noch flügellahm ist
und weit mehr beruft
als wir in seine einflugschneise schubsen

## 4. Sonntag in der Osterzeit: Über Pinocchio, Tschernobyl und mehr Türen und weniger Kreuze

„Ich bin die Tür“ (Joh 10,9).
Gerade jetzt, wo so viele Türen verschlossen bleiben und sich wenige Menschen begegnen können, ist das ein sehr schöner Satz, und gleichzeitig klingt er immer auch ein wenig irritierend.
Wer ist schon eine Tür?
Nicht einmal Pinocchio konnte das von sich sagen und der war zumindest aus Holz.
Aber vielleicht kann man die Geschichte von einer anderen Seite sehen bzw.: Ich möchte sie von zwei anderen Gedankenpferden her aufzäumen …

Zum einen: Ich habe neulich gehört, dass es in einer alten Jesusverfilmung anscheinend eine Szene gibt, in der Jesus an ein Kreuz lehnt und sagt, was man mit diesem Holz nicht alles Gutes hätte machen können, z. B. eine Tür, einen Tisch oder vieles andere – und was haben die Menschen daraus gemacht: ein Kreuz.
Und zum anderen habe ich gerade ein Interview gelesen, das mich sehr fasziniert hat. Es ging auch um eine Tür. Jemand, der ursprünglich in der Sperrzone von Tschernobyl gewohnt hat, hat bei dem wenigen, was er mitnehmen konnte, seine Wohnungstür mitgenommen.
Mal ehrlich. Das würde mir nicht im Traum einfallen. Aber er sagte, auf dieser Tür sind die Größen seiner Kinder in verschiedenen Altersstufen markiert, und auf dieser Tür lag sein Vater, nachdem er gestorben ist, weil es bei

ihnen den Brauch gibt, die Toten auf eine Tür zu legen, bis der Leichnam abgeholt wird. Ein Übergangsritual. Die Tür als Abbild der verschiedenen Lebensalter und auch als Zugang zum Leben und zum Tod und darüber hinaus. Wahnsinn.

Wie wäre es, wenn man diese beiden Gedanken auf Jesus selbst übertragen würde? Natürlich, er ist nicht ein hölzerner Pinocchio, aber er hat Gott für viele Menschen zugänglicher, nahbarer und liebenswerter gemacht. Er war für viele Menschen in diesem Sinne kein Kreuz, sondern eine Tür, ein Zugang und ist es bis heute.

Wir sagen in unserer deutschen Sprache so treffend: „Er ist aus dem gleichen Holz geschnitzt."
Was wäre, wenn wir als Christen*innen nur ein wenig aus dem gleichen Holz geschnitzt wären/sind/sein dürfen, wie der, dem wir nachfolgen?
Was wäre, wenn auch wir für unsere Mitmenschen weniger Kreuz und mehr Tür sein könnten?

## Über das Haben und Brauchen

Ich habe mir in dieser Woche vorgenommen, mir ab und zu Zeit für kleine Wanderungen zu nehmen. Nichts Außergewöhnliches. Irgendwas in meiner Gegend, was man in ein bis drei Stunden erwandern kann.
Klar, ich könnte auch mit dem Fahrrad unterwegs sein. Das gibt es (leider zu selten) auch, aber ich mag es sehr, wandernd unterwegs zu sein. Ich mag das Gehen und Schauen. Ich mag die Langsamkeit dabei und gleichzeitig zu merken, welche Strecken man trotzdem in ein, zwei,

drei Stunden zurücklegen kann. Ich nehme dabei immer das Gleiche in meinem kleinen Rucksack mit: Wasser, einen Happen zu essen und das Tagesevangelium.

Heute musste ich unterwegs an eine Aussage eines guten Freundes denken, die mich nun schon seit vielen Jahren immer wieder begleitet. Wir waren damals einige Tage lang in den Alpen unterwegs und hatten alles dabei, was man so braucht: Verpflegung, Klamotten, Schlafsäcke und ein Zelt. Irgendwann sagte er mir, dass es ihm gefalle, dass wir jetzt alles dabeihätten, was wir brauchen. Wir brauchen nicht mehr. Es reicht das, was wir auf dem Rücken mit uns herumtragen.
Heute erst ist mir beim Gehen eine Weinbergschnecke (über den Weg gelaufen kann man ja schlecht sagen) über den Weg gekrochen, und ich dachte: Bei der ist es genauso. Sie ist nicht besonders schnell und hat alles auf dem Rücken, was sie braucht.
Die Worte des Freundes haben mich so fasziniert, dass sie seitdem mein ständiger Begleiter geworden sind. Vor allem, wenn ich ein wenig unterwegs bin.
Auch heute wieder. Ich habe alles dabei, was ich brauche: Wasser, einen Happen zu Essen und das Evangelium. Mehr brauche ich jetzt nicht.

Es ist eine Geh- und Gebetsgrundhaltung für mich geworden. Auch im Gebet auf meinem Gebetshocker kommt mir manchmal dieser Gedanke.
Es geht jetzt nicht darum, dass ich etwas erreiche, dass ich mich innerlich zerfleische über das, was ich alles falsch gemacht habe, oder mir den Kopf zerbreche, was gerade alles ansteht.

Nein, es geht darum, zu merken, dass ich jetzt in meinem Wander- und Schneckengebet alles habe, was ich brauche. Nicht mehr und nicht weniger.
Und dass mir Gott genau darin begegnet.

## Über den harten und den leichten Job, Gott zu verkünden

Perge in Pamphylien, Antiochia in Pisidien, Zypern … Strahlende Namen vergangener Orte, in denen ich durch die Lesungen dieser Woche mit Paulus unterwegs war. Das Christentum breitet sich aus. Paulus sei Dank, und der ist ganz schön rumgekommen.
Für mich sind diese alten Geschichten und Ortsnamen so vertraut und die Ausbreitung des Christentums in dieser Zeit so selbstverständlich, dass ich mir fast nicht mehr vorstellen kann, wie schwierig das alles für Paulus gewesen sein muss. Irgendwo hinzugehen. Erst einmal keinen zu kennen und zu sehen, wie die Leute da sind und ticken, und dann genau dort hinein von Gott zu erzählen.

Gott zu den Menschen zu tragen war und ist ein harter Job.
Doch halt …
… das hat er ja eigentlich nicht getan, und das sollte auch ich nicht tun, brauche ich nicht tun.
Paulus sagt den Menschen in Athen einmal: „Denn keinem von uns ist Gott fern“ (Apg 17,27). Jedem und jeder ist er schon nahe, ohne dass Paulus oder ich ein Wort über ihn verloren haben, aber genau das scheint mir oft genau das, was schwer auszuhalten ist.

In all unseren Bemühungen, Menschen in und für diesen Glauben bei Laune zu halten, werden oft alle Register gezogen, Feuerwerke abgefackelt, abgefahrene Liturgien gefeiert, ausschweifende und ausgefeilte Predigten gehalten. Es ist oft die Suche und die Sucht nach Gott im Besonderen. Das ist alles in Ordnung, das darf es gerne geben, aber man kann dabei auch der Versuchung erliegen, zu meinen, dass wir Gott unseren Mitmenschen einprügeln müssten, und dabei Gefahr laufen, uns selbst eine Aufgabe zu geben und die Menschen nur zu unterhalten. Zurück bleiben Menschen, die Gefallen an einer guten Show gefunden haben, aber vielleicht noch keine Gefühlsregung verspürt haben, dass der liebe Gott schon lange bei ihnen war und ist.

Klar, der Job bleibt auch so hart, aber es ist auch entlastend, dass Paulus und ich weiter dranbleiben und das Eigentliche immer schon getan ist, weil ER schon da ist.
Trotzdem gilt es, dranzubleiben und irgendwie dieses Schon-Dasein Gottes erfahrbar zu machen. Das muss nicht immer gleich in einem brennenden Dornbusch sein und geschieht auch nicht immer gleich durch eine spektakuläre Wunderheilung, sondern manchmal nur darin, einer Nuance in einem guten Gedanken oder einem guten Wort hinterherzugehen und zu sagen: Vielleicht ist Gott dort bei dir.

Perge, Antiochia, Zypern, Athen, das ist heute, jetzt und hier.
Gott ist (Gott sei Dank) noch gleich da, aber wir selbst müssen immer wieder neu kapieren, dass wir ihn weder herstellen noch aufbauschen müssen und auch nicht besänftigen oder bestechen.

Nicht wir müssen etwas für ihn tun.
Er möchte etwas mit uns zu tun haben.
Ich glaube, von nichts anderem erzählen diese Ostererzählungen.

## Über kurvige Wege

Ich hatte eben ein Gespräch mit einem guten Freund, der eine schwere Entscheidung zu treffen hat, der es gerade nicht leicht mit „unserer" Kirche hat und dessen Entscheidung einiges an noch nicht absehbaren Veränderungen mit sich bringen und nach sich ziehen wird.

Was mich trotz aller gegenwärtigen Sorgen und zukünftigen Unsicherheiten wahnsinnig beeindruckt hat:
Seine klare Aussage, dass Gott ihn und uns alle begleitet, dass der Heilige Geist uns nicht verlässt. Komme, was wolle. Davon ist er zutiefst überzeugt.
Es ist für ihn völlig klar, dass Gottes Geist seinen Weg in unsere Leben findet, auch wenn einige unsere Wege dabei vielleicht manchmal ein wenig länger ausfallen und manchmal auch ziemliche Kurven beinhalten können.

*Nachtrag:*
*Wie war das nochmal in meinem Vorwort:*
*„Veränderungen gehören in der Regel aber leider nicht zu den Lieblingsbeschäftigungen der meisten Menschen."*
*Bei diesem Freund habe ich das nicht wahrgenommen. Klar, die Veränderung hat sich lange angebahnt, und klar, die Veränderung kostet auch einiges und sie ist in diesem Fall sicherlich keine Lieblingsbeschäftigung, aber die Aussicht, vieles abzulegen und zu verändern, schenkt ihm unglaubliche Freiheit, Lust zum Leben und frischen Wind.*

Ist das nicht Ostern?
Ist das nicht genau das, was wir in unseren Ritualen, durch unzählige Worte, Lieder und Gebete versuchen zu beschreiben?
Ist das nicht das leere Grab, aus dem heraus uns der Ruf ins neue Leben entgegentönt?

Ja, es gibt die Karfreitage in unserem Leben.
Ja, es gibt richtige und falsche Entscheidungen, und es gibt auch richtige Entscheidungen in unserem Leben, die manchmal ihre Gültigkeit verlieren und nach einer Kurve und einer neuen Entscheidung verlangen.
Ja, es gibt die Tragik unseres Lebens, dass die Systeme und Institutionen, die wir uns haltgebend gebaut haben, uns gleichzeitig manchmal auch erdrücken und kasteien
und dass wir aus unseren selbstkonstruierten Vergangenheiten und Vorstellungen keine Sicherheit mehr schöpfen können.

Aber ja, ich bin auch davon überzeugt, dass uns Gott in all dem ausnahmslos begleitet und führt,
und ich bin sehr dankbar für diesen Freund, der mir durch seinen Schritt aus dem leeren Grab neu gezeigt hat, dass Ostern hier und heute ist …

… auch wenn es mich selbst zwingt, vieles in meinem Glauben, Lieben und Hoffen auch neu zu bedenken und zukünftige Kurven nicht auszuschließen.

## 5. Sonntag in der Osterzeit: Über das Bedürfnis nach Fahrplänen, Landkarten und Wegbeschreibungen

Gaststätten dürfen langsam wieder öffnen, die ersten Gottesdienste laufen wieder an und die Spielplätze sind wieder zugänglich. Halleluja!
Aber alles natürlich im Rahmen der vorgegebenen Abstands- und Hygieneregeln. Aber wie lange uns diese noch begleiten werden oder wann die nächsten Lockerungen oder auch vielleicht wieder strengeren Maßnahmen kommen, das steht in den Sternen.
Entsprechende Fahrpläne und weitsichtige Wegbeschreibungen sind gerade rar.
Das mit den richtigen Wegen ist nicht immer so einfach.
Davon erzählt auch das heutige Evangelium (Joh 14,1–6) …

„Herr, wir wissen nicht, wohin du gehst. Wie können wir dann den Weg kennen?"
Wieder einmal ist es der gute Apostel Thomas, der die richtigen Fragen stellt.
Wieder einmal sagt er das, was die anderen vielleicht auch denken, aber sich vielleicht auch nicht trauen zu fragen.
Jesus tut so, als seien der Weg und seine Nachfolge völlig klar. Schön wär's.
Aus Thomas spricht hier auch mein eigenes Bedürfnis im Leben und Glauben nach einem klaren Fahrplan, einer Landkarte oder einer Wegbeschreibung.
Doch Jesu Antwort hört sich gar nicht so fahrplanmäßig und klar an:
„Ich bin der Weg, die Wahrheit und das Leben."

Wegbeschreibung? Fehlanzeige!
Aber für mich ist das ein Hinweis, mich an ihn zu halten. Auf seine Begleitung zu vertrauen. Dass er in dieser ganzen Wegsuche, im Herausfinden, was gerade die richtigen und wahren Aussagen sind und was nicht, in meiner Sehnsucht nach mehr Leben, dass er genau dort überall dabei ist.
Klar, ich weiß, das klingt leider ein wenig arg einfach und nach einer von vielen billigen, pastoralen Floskeln.
Aber ich habe in meinem Leben die Erfahrung gemacht und vertraue auf diese Erfahrung, dass mein Glaube, meine Christusbeziehung, mein Suchen im Gebet und das Lesen der Bibel mir Orientierung geben können.
Leider nicht immer so viel und so weit, wie ich es gerne hätte, manchmal leise, manchmal nur einen Schritt weit, manchmal lässt das auch ein wenig auf sich warten, aber zum Glück geschieht dies doch immer beständig und zuverlässig.

„Ich bin der Weg, die Wahrheit und das Leben."
Ob das die Antwort ist, die Thomas hören wollte und die ich hören will?
Ich weiß nicht.
Aber ich weiß, dass sie genügt.

Für heute.

Und morgen frage ich mit Thomas noch mal, und dann schauen wir weiter und kriegen das schon irgendwie hin.

## Über den Mund- und Gedankenschutz

In meinem Schlafzimmer hängt an der Wand ein Bild mit den Worten „*Sei* schnell *bereit zum Hören, aber bedächtig* bei der Antwort“ aus dem Buch Jesus Sirach.
Eine Erinnerungsstütze.
Sozusagen ein bildgewordener Denkzettel.
Ich gebe zu: Es klappt leider nicht immer.
Aber ich weiß nicht, wie viel weniger es klappen würde ohne …

Überall trägt man jetzt Mundschutz.
Damit ich meine Mitmenschen schütze, vor Viren, die ich vielleicht haben könnte.
Aber vielleicht könnte jeder Mundschutz, den ich sehe, auch eine Erinnerungsstütze für mich sein, sozusagen ein stoffgewordener Denkzettel.
Woran?

An genau die Worte aus meinem Schlafzimmer.
Eine Erinnerung daran, dass meine Ohren frei und nicht bedeckt sind und ich vielleicht mehr diese benutzen darf und im Gegenzug den einen oder anderen Menschen durch den Mundschutz vor meinen Viren, die ich vielleicht haben könnte, und vor den Gedanken und Worten, die ich ganz sicher habe, schützen kann.

„*Sei* schnell *bereit zum Hören, aber bedächtig* bei der Antwort.“

## Über 2202

2202.
Facebook behauptet, dass ich so viele Freunde habe.
*(Wahrscheinlich inzwischen noch viel mehr …)*

Mmmmmhh, gehören die auch alle zu diesem illustren Freundeskreis, von dem Jesus heute redet, wenn er sagt, dass er uns nicht mehr Knechte nennt, sondern Freunde (Joh 15,12–17)?
Als Knecht (und natürlich als Magd) hätte ich sicherlich sowieso niemanden bezeichnet. Freund würde ich den einen oder die andere von denen aber auch nicht nennen. Und überhaupt: Einer würde eigentlich reichen. Auch ohne „eigentlich".

Matthias Schweighöfer hat das einmal in seinem Lied „Bester Freund" so schön beschrieben: Einer aus Milliarden würde ausreichen, einer, dem man sich nicht zu erklären brauche.

Einer, der eben nicht Knecht, Angestellter oder in einem sonstigen Ich-tu-was-für-dich-und-du-tust-was-für-mich-Verhältnis steht, sondern bei dem Geben und Nehmen zweitrangig und selbstverständlich sind, und zwar gleichzeitig.
Eine dieser Freundschaften, bei der oft von beiden Seiten insgeheim das Gefühl aufkommt, mehr zu bekommen, als zu geben.
Ich brauche nicht unbedingt drei Gefährten auf einem Berg oder in einem Garten, die ihre Ratlosigkeit und Müdigkeit teilen, oder zwölf Tischnachbarn, die gemeinsam mit mir mal wieder nicht checken, was Jesus da sagt.

Einer reicht.
Einer reicht, der mit unter dem Kreuz bleibt und mit nach Emmaus geht, weil es alleine unerträglich wäre.
Einer reicht, der mich, ohne es vielleicht immer zu wollen, im Mitgehen und Zuhören, in allem Suchen und in aller Ratlosigkeit, greifbar und begreifbar etwas von der Freundschaft Jesu erfahren lässt.

Einer reicht, den Gott mir zur richtigen Zeit am richtigen Ort zur Seite stellt.
Das hat er zum Glück (und der ist nicht mal einer der 2202).

Und ich hoffe, jede*r hat so einen Freund!

## Über nahe und fremde Worte

In der Osterzeit machen es mir die Texte oft leicht, der Auferstehung nachzugehen. Die Worte dieser Zeit kommen so vollgepackt mit Zuversicht daher. Die Evangelien erzählen so viel von der Zuwendung Gottes und die Apostelgeschichte von so einer unfassbaren Aufbruchsstimmung. Es sind oft Worte, die mir schnell und einfach sehr nahegehen.
Der Weg zu vielen, vielen anderen biblischen Texten fühlt sich für mich aber oft sehr viel steiniger an, bis dahin, dass mir manche Worte manchmal furchtbar fremd und völlig unbrauchbar vorkommen.
Wo ist da bitte die Frohbotschaft?

Eine Benediktinerin hat mir in Exerzitien einmal gesagt, dass es unglaublich sei, wie alt man werden müsse, um

manches zu lernen und zu verstehen (sie war damals schon etwa Mitte achtzig). Sie meinte, dass sie, je älter sie werde, das Gefühl nicht loswerde, dass in jedem einzelnen biblischen Wort schon alles enthalten sei.
Das hätte ich auch gerne.
Die schöpferische Zuwendung Gottes und die Aufbruchsstimmung der Auferstehung aus jedem einzelnen Wort. Wow. Jedes Wort, das es wert ist, geachtet, betrachtet, gehört, nicht zu schnell weggelegt, geliebt und geküsst zu werden.

Auch wenn ich mir mit vielen Texten immer noch schwertue. Ich werde versuchen, in jedem biblischen Wort das leere Grab, Licht und Frohbotschaft zu finden, egal, wie alt ich dafür werden muss, deshalb …

### der kuss des evangeliums

manchmal
erscheint die frohe botschaft
wie ein dürrer ginsterstrauch
der weder schatten
noch hoffnung zu bieten hat

und doch
verbirgt sich
in jedem wort
ein in glühender asche
gebackenes brot
und ein krug
kühlendes wasser
und österliche lebenskraft

manchmal
braucht jedes einzelne wort
ein wenig keimzeit
und manchmal
ist es erst
liebe auf den zweiten blick
aber egal wie
diese liebe
ist immer
einen kuss wert

(Aus: W. Metz, brannte uns nicht das herz?, S. 81)

## 6. Sonntag in der Osterzeit: Über mein Recht zu demonstrieren

Demozeit …

Tausende sind dieses Wochenende wieder auf die Straße gegangen.
Tausende, die wütend ihre Rechte einfordern und Freiheit suchen.
Mittendrin diejenigen, die von wirklichen Zukunftsängsten heimgesucht werden, und gleichzeitig auch diejenigen, die mit schrägen Ideologien und selbst zusammengekochten Theorien um sich werfen.

„Seid stets bereit, jedem Rede und Antwort zu stehen, der von euch Rechenschaft fordert über die Hoffnung, die euch erfüllt", heißt es heute im ersten Petrusbrief (1 Petrus 3,15).
Ich bin mir nicht sicher, ob das mit der Rechenschaft so gemeint war, dass man für jeden Angstgedanken gleich auf die Straße gehen muss …

Wie würde eine Demonstration aussehen, wenn sie nicht meine Wut, Angst oder Ideologie, sondern meine Hoffnung als Antriebskraft hätte?
Wie würde eine Demonstration aussehen, wenn sie mir trotzdem auch noch die Zeit und den Raum schenken würde, meine Zweifel, Sorgen und Ängste mitzuteilen?
Wie könnte unsere gemeinsame Demonstration dann aussehen …?

Ach ja … ich vergaß …
… diese Demo gibt es ja schon.

Sie heißt erwartungsvolles Morgengebet und stille Abendgedanken hinter verschlossenen Türen,
heißt Gottesdienst, gemeinsam oder alleine,
heißt telefonieren mit lieben Menschen und darüber hinaus mit denen, die es brauchen,
heißt spazieren gehen und einfach wahrnehmen,
heißt besuchen, trösten, mitleiden, mitweinen, mitlachen, mitaushalten, mithelfen, mit Verantwortung tragen
und heißt hoffen und vergeben.
Ja, vor allem vergeben.

Wie schön. Dann bin ich beruhigt.
Sollen die Angsthasen und Lautmenschen weiter auf der Straße demonstrieren.
Ich werde es auch!

Auf meine Weise!

## Über Zeugnisse auf Papier und im Kopf

Zeugnistag!

Ein bilanzierter Nachweis der eigenen Leistungen, Schwarz auf Weiß in Papierform.
Mathe, Deutsch, Reli, Sport …
Hauptfächer, Nebenfächer und in der Grundschule auch noch notiertes Verhalten und Mitarbeit.
Noten, von denen ich zum Teil früher oft dachte, dass sie besser sein könnten oder sogar sein müssten. Eigentlich gab es jedes Mal zwei Zeugnisse – das gedruckte Zeugnis, das ich in die Hand bekommen habe, und das Zeugnis, das sich anschließend in meinem Kopf zusammengebraut hat, das Zeugnis, das ich gerne hätte oder hätte haben sollen.

Im heutigen Evangelium ist ein paar Mal vom „Zeugnis" die Rede (Joh 15,26–16,4a) und ich komme nicht umhin, dass ich dabei an Schule denken muss.
So war das mit dem Zeugnis wahrscheinlich von Jesus nicht gemeint, aber vielleicht doch, ein wenig …
Der Geist legt Zeugnis ab und ich soll es auch.
Hier gibt es also auch zwei Zeugnisse.
Vielleicht gibt es in meinem und für meinen Glauben auch zwei Zeugnisse, das Zeugnis, das ich bekomme, und das, das ich selbst machen soll.
Wir wäre es, wenn ich mir überlege, wie mein Christsein in Zeugnisform aussehen würde?

Hauptfächer:
*Glauben – 2,5 (in meinem Kopf: könnte besser sein)*
*Hoffnung – 1,5 (in meinem Kopf: geht eigentlich)*
*Liebe – 2 (in meinem Kopf: könnte immer besser sein)*

Nebenfächer:
*Glaubenswissen – 2,0 (in meinem Kopf: reicht völlig)*
*Beten – 2,0 (in meinem Kopf: könnte, muss aber nicht mehr sein)*
*Verhalten – 3,0 (in meinem Kopf: naja, den barmherzigen Samariter lese ich besser nochmals durch)*
*Mitarbeit – 2,5 (in meinem Kopf: sollte besser werden)*

Das Schöne daran: Alles kann, nichts muss. Die Zuwendung Gottes ist nicht abhängig von den Noten. Der Heilige Geist wird den Rest hoffentlich schon irgendwie ausfüllen.

Vielleicht lohnt es sich trotzdem, diese Zeugnisse immer wieder mal anzuschauen.

## Christi Himmelfahrt: Über comicverseuchte Augen, Trennungen und Wiedersehen

Es gibt ja verschiedene Arten, sich mit Texten herumzuschlagen und sich diese anzueignen …

Der hl. Ignatius z. B. rät, dass man, wenn man mit einem Bibeltext betet, vor seinem inneren Auge den Schauplatz bereiten soll, d. h. sich in die Erzählsituation hineinversetzen soll.
Was sehe ich dort?
Was höre ich?
Was rieche ich?
Wer ist dabei?
Wie fühlt sich das an?

Das funktioniert, finde ich, oft ganz gut.
Heute an Christi Himmelfahrt …
… leider nicht.
Vielleicht sind meine inneren Augen schon viel zu sehr von Comicverfilmungen verseucht.
Wenn ich mir diese Himmelfahrt Jesu so vorstelle, dann sieht das leider immer wie ein Superman für Arme aus oder ist pathetisch bis zum Gehtnichtmehr oder beides.

Das bringt mich irgendwie nicht weiter.

Soll es vielleicht auch gar nicht …
… denn heute geht es viel weniger um das Gehen und viel mehr um das Bleiben.
Vielleicht kann ich jetzt und hier mal die ganzen schrägen Bilder in meinem Kopf zum Himmel fliegen lassen

und nur die letzten Worte im Evangelium behalten. Das reicht völlig.
„Ich bin mit euch alle Tage bis zum Ende der Welt"
(Mt 28,20).
Darum geht es doch. Im Himmel und auf der Erde. Immer und überall.
Egal, was ich gerade sehe.
Egal, was ich höre.
Egal, was ich rieche.
Egal, wer dabei ist.
Egal, wie es sich anfühlt.

Wenn ich ein Bild des heutigen Tages für meine comicfilmverseuchten inneren Augen suchen müsste, dann wäre es kein fliegender Superman, sondern eher zwei in Liebe verbundene Menschen, bei denen der Schmerz der Trennung und die Freude des Wiedersehens zusammenfallen und sie dadurch immer erfahren, was sie aneinander haben.
„Ich bin mit euch alle Tage bis zum Ende der Welt."

PS: *Es schadet sicherlich nicht, sich dies auf unterschiedliche und besondere Weisen zuflüstern zu lassen … (Ben Platt – So Will I)*

*(Ben Platt – So Will I)*

## Über den frühchristlichen Liebeskommunismus

Ich hatte bis jetzt keine so gute Woche.
Schwierige Gespräche, Konflikte, frustrierende Situationen …
Klar, das gibt es einerseits immer wieder und andererseits liegen oft in Stresssituationen, wie z. B. nach wochenlanger Corona-Isolation, die Nerven blank, und irgendwo muss das ja auch raus. Meistens einfach am nächstbesten Mitmenschen, der mir über den Weg läuft oder bei dem ich was auf den sozialen Netzwerken kommentieren kann.

Und dann kommt mir in der Predigtvorbereitung auch noch diese Zwischenlesung vom kommenden Sonntag zwischen Himmelfahrt und Pfingsten (Apg 1,12–14) in die Quere.
Da sind die Jünger und all die, die zu ihnen gehören, die sich zum Gebet treffen.
Das klingt alles so einmütig, so harmonisch wie so vieles in der Apostelgeschichte, im Leben der ersten christlichen Gemeinden, aber so ganz anders als in meinem Leben …
Eine Professorin von mir nannte das den frühchristlichen Liebeskommunismus.
Alle teilten alles und waren ein Herz und eine Seele, wie es dort auch an anderer Stelle heißt.

Kann es sein, dass die Jünger*innen damals einfach die besseren, frömmeren und liebenswerteren Menschen waren?
Wahrscheinlich nicht …
Vielleicht tut gerade hier eine kleine Rückschau gut.

Diese vermeintliche Harmonie war zwischenzeitlich ja ganz schön gestört. Diskussionen der Jünger, wer der Größte sei, Unverständnis, was Jesus sagte und tat, und gar nicht zu sprechen von all den Jüngern, die während der Passion abgehauen sind.

Vielleicht ist es nicht die Frage, warum die alle heute so einmütig daherkommen, sondern wie sie nach all dem, was war, wieder so einmütig sein können.
Vielleicht ist das der Punkt, der sie als Jünger*innen Christi ausweist.
Vielleicht geht es nicht um das, was war, sondern um das, wie man mit dem, was war, umgeht.

Mir kommt dabei ein Filmzitat aus „Am Sonntag bist du tot" in den Sinn: „Ich finde, Vergebung wird schwer unterschätzt."

Egal, wie der Konflikt war, egal, welche Stresssituation auch zu bewältigen war, egal wo man aneinander schuldig geworden ist oder sich aufgerieben hat: Genau darin ist es westlich, die Notwendigkeit von Vergebung nicht zu unterschätzen, und vielleicht geht es gerade in diesen Situationen darum, ob man dem Beispiel Jesu in Wort und Tat, in Vergebung füreinander und Hoffnung auf seine Gegenwart im Umgang miteinander nachfolgen kann.

Ich weiß nicht, ob ich es immer hinbekomme, aber ich weiß eines: Genau dahingehend in den kommenden Tagen um den Heiligen Geist zu beten kann auf keinen Fall schaden.

## Eine Woche mit dem Heiligen Geist

*Es gibt viele Möglichkeiten, auf Pfingsten zuzugehen und um den Heiligen Geist zu beten bzw. ihm bewusst eine Landebahn im eigenen Leben anzubieten.*
*Viele Menschen beten z. B. in diesen Tagen eine Pfingstnovene; manche nehmen sich bewusst vor, sich in dieser Zeit den sieben Gaben des Heiligen Geistes zuzuwenden und darum zu beten.*

*Ich wollte dieses Mal versuchen, mich, wie auch schon zu Beginn der Fastenzeit, von jedem Tag ohne feste Vorgaben leiten zu lassen, zu erfahren, wie der Geist auf unterschiedlichste Weise gegenwärtig wirkt oder mir auch fehlt, um dann genau in dieser Weise auch um ihn zu beten.*

*Das Ergebnis sind die Texte zu den folgenden sieben Tagen.*
*Sieben Tage, Sonntag bis Samstag, Zeit, um den Heiligen Geist in aller Vielfalt und Unterschiedlichkeit zu entdecken, ihm zuzuhören und um ihn zu beten.*

## 7. Sonntag der Osterzeit: Über die Kunst des Wartens

Bevor das alles mit dem Geist losgeht und nach dem ganzen Trubel mit dem Auferstandenen und seiner Himmelfahrt wird erst einmal der gemeinsame Rückzug angetreten (Apg 1,12–14).

Ich erfahre leider nicht, wie sich die Jünger*innen dabei gefühlt haben, ob die Euphorie und Freude über die Himmelfahrt noch vorherrschten oder vielleicht auch die Fragen und Zweifel, wie und wann es jetzt weitergeht.
Die Ausgangslage ist aber denkbar schlecht.
Jesus selbst, der leibhaftige Beleg für die Auferstehung, ist weg.
Wie soll sich das alles nun ohne handfeste Beweise weitertragen?
Wer soll den Jünger*innen jetzt noch Glauben schenken?
Es gibt weder Struktur noch Geld noch viele Mitarbeiter*innen.
Was hier bleibt, ist nur Abwarten und Beten. Es fühlt sich plötzlich wieder wie eine kleine Fastenzeit an. Sie alle harren der Dinge, die jetzt kommen mögen.
Es ist die buchstäbliche Ruhe vor dem Sturm.

Sie könnten aber doch jetzt auch selbst einfach loslegen, oder?
„Einfach mal machen und ausprobieren." So höre ich es oft und viel aus kirchlichen Kreisen. Unter dem propagierten Deckmantel der Innovation ist es meist das Eingeständnis, überhaupt nicht mehr zu wissen, was man eigentlich noch tun kann, da alles Geld, alle pastoralen Prozesse und

die Masse an Mitarbeiter*innen in den vergangenen Jahrzehnten nicht wirklich Erfolg gezeigt haben.

Die Jünger*innen kannten diese Ratlosigkeit vielleicht auch.
Und was haben sie getan? Sie haben auf jeden Fall deswegen nicht versucht, in aktionistischem Treiben die Sache Jesu voranzubringen, und sie haben auch nicht versucht, den Turm von Babel mal wieder selbst in den Himmel zu bauen, sondern sie haben darum gebetet, dass der Himmel ihnen entgegenwächst.

Wenn man nur alles selber machen könnte …
… aber das kann man halt nicht …
Beziehung heißt auch, aufeinander warten zu können, und nicht, einfach loszulegen, egal, ob der andere da ist oder nicht.
So ist das in Beziehungen, auch wenn es nicht immer einfach auszuhalten ist, aber genau diese Grundhaltung möchte ich in dieser Woche auf Pfingsten hin suchen.
Nicht selbst machen wollen, sondern warten und beten, wo und wie sich der Geist zeigt.
Zu Beginn nicht gleich um etwas Konkretes beten, sondern einfach um Ruhe und Zuversicht.

In diesem Sinne:
*Herr, schenke mir zu Beginn dieser Woche einfach den Geist der Ruhe und der Geduld!*

## Über den Geist, der in alten Worten wohnt

Wo bleibst du Trost der ganzen Welt …
… so heißt es in einem Adventslied.
Zeitlich ist das natürlich gerade völlig neben der Spur.
Trotzdem kommt es mir gerade in den Sinn und ins Ohr.
Warum?
Vielleicht, weil ich ihn gerade brauchen könnte.
Den Advent …?
Quatsch, den Trost.
Irgendwie ist bei mir gerade vieles schwierig und kompliziert. Von außen und oft dann auch gleichzeitig von innen.
Und dem Heiligen Geist wird doch nachgesagt, dass er auch trösten könnte/würde/sollte.
Der hl. Ignatius (wieder einmal) spricht in seinen Geistlichen Übungen davon, darauf zu achten, wo ich Trost und wo ich Trostlosigkeit verspüre.

Als ich das zum ersten Mal gelesen habe, dachte ich: Trost und Trostlosigkeit … echt jetzt? Das sind nicht gerade Worte aus meinem üblichen Sprachgebrauch. Die klingen doch ein wenig arg staubig und antiquiert. Kann man nicht einfach Freude und Traurigkeit oder sonst etwas sagen?
Über die Zeit hinweg habe ich aber gemerkt, dass genau diese zwei Worte viele meiner Wahrnehmungen sehr gut abdecken.

Und noch eine Wahrnehmung:
In einigen Psalmen werden Menschen in Not und Bedrängnis beschrieben, denen es am Schluss des Psalms gut geht, obwohl sich die Not und Bedrängnis nicht aufgelöst haben. Aber wie kann es denen wieder gut gehen, obwohl es doch immer noch schwierig und kompliziert ist?

Zuversicht? Vertrauen? Oder vielleicht ist auch einfach *Trost* die beste Beschreibung.

Ich kann meine Situation gerade nicht ändern, und das ist oft so, aber deswegen verzweifeln? Bitte nicht.
Wo bleibst du Trost der ganzen Welt …?

*Herr, schenke mir den Geist des Trostes!*

## Über den Geist, der als Tontaube daherkommt

Ich habe mich dieser Tage im Ton vergriffen …
Unschön für den, der es abgekriegt hat, und unschön für mich, der ich es einsehen und eingestehen muss.
Wie sagt man so wunderbar im Deutschen: „Der Ton macht die Musik."
Kluge Worte. Wenn das nur immer so einfach wäre.
Die Frage ist nun: Wie finde ich meinen richtigen Ton wieder, damit ich nicht noch mehr Geschirr zerschlage und noch mehr als eh schon wieder zusammengeklebt werden muss?

In manchen alten Bildern vom Papst Gregor dem Großen sieht man, wie an seinem Ohr eine Taube sitzt, die ihm ins Ohr flüstert. Was ein wenig lustig und ungewöhnlich aussieht, ist, finde ich, eine sehr treffende Darstellung.
Der hl. Gregor war nämlich kein Vogeltrainer, sondern wurde so dargestellt, weil er so viele kluge Sachen gesagt und geschrieben hat, die ihm angeblich der Heilige Geist eingegeben hat, bzw. weil er ihn beim Reden und Schreiben beraten hat.
Der Heilige Geist war sozusagen ein Gregorflüsterer (nicht zu verwechseln mit dem Pferdeflüsterer).

Was wäre, wenn dieser Heilige Geist nicht nur kluge und wahre Worte einflüstern kann?
Was wäre, wenn dieser Heilige Geist mir vielleicht auch den richtigen Ton zuzwitschern könnte?
Also nicht nur ein Geist der Weisheit, sondern auch eine Ton-Taube 2.0 ist?

*Herr, schenke mir diese Ton-Taube 2.0!*

## Über den Geist als Olivenzweigtaube

In meiner Wohnung steht ein Olivenbaum.
Seit knapp einem halben Jahr. Ein noch ganz kleiner.
Ich war, als ich ihn in den Topf pflanzte, echt skeptisch, ob das was werden würde.
Aber er wurde und wird.
Langsam, aber kontinuierlich.
Blatt für Blatt.

Wenn ich an Pfingsten denke, denke ich an die Jünger, die mit lautem Getöse und wie vom Feuer ergriffen vom Heiligen Geist völlig überrumpelt und übermannt (oder, wenn wir annehmen, dass der Geist weiblich ist, überfraut) wurden.
Ein Paukenschlag.
Etwas, was sie getroffen hat wie ein Blitz.
Ein Heiliger Geist, der weniger mit einer zarten Taube zu tun hat und mehr mit einem Elefanten im Porzellanladen, der für keinen ohne Wirkung bleibt.
Schön wäre es, wenn der Heilige Geist mich auch immer so unmittelbar treffen, aufrütteln und entflammen würde.
Wenn das so einfach wäre …

Ich habe das Gefühl, dass ich wesentlich öfter eher nach einer zarten Taube Ausschau halten müsste, die manchmal so langsam und leise anfliegt, wie mein Olivenbaum wächst, aber zum Glück auch so stetig.

Wenn ich darüber nachdenke … irgendwas hat sich für mich in diesem Bild gedreht.
Den Olivenzweig habe ich ja schon
und dadurch die Sicherheit, dass er (oder sie) kommt und in meinem Leben wirkt
und vielleicht schon da ist, aber oft mit sehr leisen Flügeln.

Also:
*Herr, schenke mir das Zutrauen in und das richtige Sensorium für diese Olivenzweigtaube!*

## Über den Geist, der Wurfzelte entfaltet

Auf meinem heutigen Spaziergang habe ich eine ältere Dame aus meiner Kirchengemeinde getroffen, die sagte, dass sie leider gerade nicht in die Kirche könne und so im Wald, beim Spazierengehen, in der Schöpfung Gott suche. Sie hat dann noch ganz nett nachgeschoben, dass sie sonst nicht so jemand sei, die statt in die Kirche zu gehen in den Wald gehe.

Ich glaube, sie macht alles richtig.
Vielleicht wird sie vom Heiligen Geist auf diese Suche, auf diese Wege, in die Schöpfung geführt. Gott bei sich wissend und trotzdem suchend. Mit einer ausgewogenen Prise Sicherheit, Neugierde und Leichtigkeit.

Dieses Unterwegssein erinnert mich an das Volk Gottes auf dem Weg in der Wüste. Mit im Gepäck: Gottes Gegenwart im Zelt. Angelehnt daran, wie es auch in einer der Übersetzungen des Johannesprologs heißt: „Und das Wort ist Fleisch geworden und hat unter uns gezeltet."
Ein Zelt ist etwas Bewegliches, ist leichtes Gepäck, das Flexibilität und Mobilität mit sich bringt. Ein Zuhause und Wegbegleiter gleichermaßen.

Ich glaube, diese alte Dame ist zum Glück mit diesem leichten Gepäck unterwegs und findet die richtigen Orte dafür immer und überall.
Sie macht alles richtig.

Gottes Gegenwart unterwegs im Zelt ...
Ich stelle mir dabei kein riesiges Zelt mit fünfzigtausend Schnüren, Haken, Heringen und Ösen vor, sondern etwas Kleines, Unkompliziertes.
Ein Wurfzelt.
Ein Zelt, das sich auswerfen lässt, wie die Netze der Jünger auf dem See.
Genau hier, an diesem Ort, wo wir uns getroffen haben, genau hier an diesem Auswurfort war Gott. Und nächstes Mal ist dieser Ort der Begegnung und der Rast woanders. Auf dem Weg, im Wald, in der Schöpfung und oft auch in der Kirche.
Aber eben nicht nur.
Wenn, dann ist die Kirche der Campingplatz, zu dem ich mit dem Zelt immer wieder gerne zurückkomme, weil er durch seine Einrichtungen vieles einfacher und angenehmer, aber oft auch ein bisschen langweiliger macht.

Und der Heilige Geist?

Der ent-faltet dieses Zelt jedes Mal mit seinem frischen Wind und lüftet es aus. Und natürlich ist dieses Zelt (wie könnte es anders sein) feuerrot, wenn es so geisterfüllt ist.

*Herr, schenke mir immer wieder diesen Wurfzeltgeist!*

## Über den Heiligen Geist als Schlagzeuger

Ich glaube, der Heilige Geist ist ein Schlagzeuger.
Er ist der, der alles vorantreibt, Schlag auf Schlag,
der in meinem Atem weht, Zug um Zug,
und meinen Herzschlag vorantreibt, Takt für Takt,
und er ist der Rhythmus des Lebens, im Auf- und Untergehen der Sonne, in der Wiederkehr der Jahreszeiten und vielem mehr.
Der Heilige Geist begleitet nicht nur, sondern gibt den Takt an.
Es ist weniger ein 3/4- oder 4/4-Takt, sondern eher ein 24/7- und 365/24-Takt.

Alles im Leben hat seinen je eigenen Rhythmus.
Sogar das Gebet kennt diesen Rhythmus, fügt sich darin ein.
Für viele Menschen ist es wichtig, in einem Rhythmus zu beten und sich dadurch in den Rhythmus des Lebens und des Heiligen Geistes einzuschwingen. Immer morgens oder immer abends oder ganz im Stundengebet, das sich an die Tageszeiten anpasst.

Und apropos Stundengebet.
Wer schon einmal Psalmen gemeinsam gebetet oder gesungen hat, kennt den besonderen Rhythmus im Hin-

und Herwiegen der Worte und das gegenseitige Zuwerfen der Verse wie bei einem Ballspiel.
Aber es gibt nicht nur das Hin und Her.
Es gibt auch das Dazwischen.
Dieser kurze Leerlauf wird durch einen kleinen Stern angezeigt, der bei diesen gemeinsamen Gebeten schweigend zur Vershalbzeit und darin zum Schweigen und zu einer kleinen Pause einlädt. Ein Benediktiner sagte mir gegenüber einmal, dieser Stern sei das Wichtigste im ganzen Psalmengebet.

> Die Pause ... ⋆
> das Atemholen.

>> Die Zeit, nachklingenzulassen, ⋆
>> was man gerade gesprochen oder gehört hat.

Nicht im Tun, im Sprechen, in der Taktung geschieht meist das Entscheidende, sondern oft dazwischen, im Freiraum, im Hören, im Lassen, wo der Heilige Geist einen Moment Zeit bekommt, seine vorantreibenden Schlagzeugstöcke wegzulegen, und seine Schwingen einfach ausbreiten und sich in mein Leben einschwingen kann.

*Herr, schenke mir den Heiligen Geist des Taktes und des Dazwischen!*

## Über den Geist der Äcker und Erinnerungen

Ich war seit längerem mal wieder zuhause im Allgäu. Manchmal, wenn ich vor meinem Elternhaus stehe oder Freunde von zuhause sehe, kommen viele alte Erinnerungen wie lebendige Fotoalben in mir hoch.

Manchmal ganze Episoden.
Manchmal nur alte vergilbte Einzelbilder.

Viele schöne Erinnerungen an Menschen und Situationen, Momentaufnahmen, die für mein Leben viele Dimensionen von Glücklichsein charakterisiert haben.

Manchmal auch sehr schmerzhafte Erinnerungen mit Versäumnissen und falschen Entscheidungen, Fehlern und bis heute Unausgesprochenem.

Dann spüre ich, dass ich mir leider viel zu selten Zeit für dieses Vergangene nehme.

Ich bin manchmal regelrecht erschrocken, wie viele einmalige und schöne Erinnerungen in meinem Gedankenacker vergraben liegen, die ich oft nur zufällig als Schätze finde und für die ich in diesem Augenblick viel zu wenig, geschweige denn alles hergebe, damit ich sie in mein Herz aufnehmen, bewahren und bestaunen kann.

Andersherum gibt es auch die schmerzhaften Erinnerungen, die ich gerne im Schlamm begraben lassen würde, die aber für mich und dafür, wie ich heute bin, was mich ausmacht, immens wichtig sind und für die ich deshalb genauso alles hergeben sollte, um sie samt dem Acker zu kaufen und damit dann Denkzettel an meine innere Herzpinnwand zu schreiben.

Immer wieder denke ich, dass der Heilige Geist es möglich macht, dass ich *gegenwärtig* sein kann, aber jetzt glaube ich, dass er auch dafür verantwortlich ist, wenn in dieser Gegenwart meine Vergangenheit Raum und Ackerboden bekommt.

*Herr, schenke mir den Geist des gegenwärtigen Erinnerungsackerbodens!*

## Pfingsten: Über den Geist und zu viel Ordnung

Wir ordnen gerne.
Manche mehr, manche weniger.
Und natürlich: Ordnung ist das halbe Leben (und vielleicht auch der halbe Glaube).
Eine Vorbildgeschichte dafür findet sich schon am Beginn der Bibel.

Am Anfang …

… am Anfang herrschte das Tohuwabohu, das Chaos, und Dank sei Gott, dem Gründer und Leiter des Megaordnungsamtes schlechthin, bekommt alles seinen Platz.
Jeder noch so schwachschimmernde Stern, jede knallrote und zartrosafarbene Pfingstrose, jedes seltsame Schnabeltier, jeder farbenfrohleichte Schmetterling, jedes im Wind wiegende Blatt, natürlich auch den Wind dazu, jeder noch so blöde Moskito, jeder saftig-leckere Apfel (ob im Paradies hängend oder sonst wo), jeder unfassbar große Blauwal und jedes klitzekleine, nervige Virus, ja und sogar jeder Mensch …

… alles ist geordnet worden und hat seinen Platz bekommen.

Klar, das ist auch echt gut, wenn die Sachen ihren Ort haben, wenn man sie wiederfinden kann, wo man sie abgelegt hat.
Problem: Ich glaube, wir haben es übertrieben.

Wer ist wir?
Wir, die Kirche.

Wir haben versucht, uns an dieses Vorbild zu halten, möglichst alles zu ordnen und so möglichst wenig Chaos zuzulassen.
Und was ist daraus geworden?
Wir haben ein System entworfen in dem jede*r hineinpassen soll.
Wir haben heimlich die Pläne für die societas perfecta, die Vorstellung der vollkommenen Gesellschaft in der katholischen Kirche, die wir eigentlich vor Jahrzehnten ad acta gelegt hatten, als Schablone beibehalten und haben fleißig am Babelturm weitergebaut. Alle sollen sich eingliedern, die gleiche Sprache sprechen, nicht in ungeordneten Bahnen glauben, hoffen und schon gar nicht lieben.
Wir haben es übertrieben und vergessen: Gott hat alles und jeden und jede so gemacht, wie er oder sie ist, einen Platz gegeben und nicht gesagt: Wenn du nicht in mein Konzept passt, dann kommst du weg, sondern: Es war und ist alles sehr gut (so wie es ist)!

Was hat das alles nun mit Pfingsten zu tun?
Sehr viel!
Der Geist ermutigt laut Apostelgeschichte, die großen Taten Gottes in die Muttersprache hinein zu verkünden.
In das konkrete Leben der Hörer*innen.
In ihr je ganz persönliches Glauben, Hoffen und Lieben hinein.
In alle Unterschiedlichkeit der Hörer*innen hinein.
In die unvorstellbare Vielfalt ihres Glaubens, Hoffens und Liebens hinein. Hinein in ihre ganz eigene Art, schwachschimmernd, knallrot und zartrosa, seltsam, farbenfroh, manchmal sogar blöd und nervig, unfassbar groß und klitzeklein zu denken, zu fühlen und zu sein.

Der Heilige Geist zwitschert nicht Kirchenlatein, sondern flüstert, schreit und jubelt in der Mutter- und Vatersprache von jedem und jeder in wundervoller und gewollter Verschiedenheit.

Klingt ein wenig chaotisch?
Ist es sicherlich auch ein bisschen, aber ich traue dem lieben Gott ein wenig geordnetes Chaos zu …

… und noch viel mehr.

## Nachtrag zu Pfingsten: Über Zutrauen und Misstrauen

Dieser Unmut und dieses Misstrauen machen mich fertig …
Klar, die gegenwärtige Situation ist und bleibt anstrengend, das Leben ist anstrengend, glauben, hoffen und lieben ist anstrengend…
Wir sind vielleicht zu sehr an unser schön geplantes, bekanntes, überschaubares und altes Leben gewöhnt. Ich bin vielleicht auch zu sehr an mein geplantes, bekanntes, überschaubares und altes Leben gewöhnt.
Wir machten uns die Illusion, dass das Leben berechenbar ist. Eigentlich mochte ich die Illusion vom Berechenbaren. Jetzt geht das gerade nicht. Ziemlich oft im Leben geht das nicht.
Wir möchten das nur nicht sehen. Ich möchte es oft nicht sehen …

Aber es ist, wie es ist!

Klar, es ist schwer, etwas in dieser Zeit zu planen.
Viel Liebgewonnenes geht nicht mehr so einfach.

Das sehe ich alles ein, aber dieser Unmut und dieses Misstrauen machen mich fertig …

Nicht zu vertrauen, dass sich die Verantwortungsträger*innen an den verschiedensten Stellen bei ihren Entscheidungen schon ihren Teil gedacht und alles abgewogen haben.
Eine Fußballweltmeisterschaft bringt es mit sich, dass wir 80 Millionen Bundestrainer*innen hier in Deutschland haben.
Eine Pandemie bringt es mit sich, dass wir 80 Millionen Virolog*innen haben.

Eines tröstet mich:
Vor Jahren hat bei einer Veranstaltung eine Referentin gesagt: „Denken Sie immer daran. Egal, wo Sie vornedran stehen. Egal, ob das bei einer Rede ist, einem Vortrag, einem Gottesdienst oder ob eine Entscheidung zu treffen ist: Die Leute in der zweiten Reihe wissen so oder so immer alles besser."

Das tröstet mich, weil es stimmt.
Natürlich weil auch ich alles besser weiß, wenn ich in der zweiten Reihe sitze und plötzlich Bundestrainer, Virologe und vieles mehr bin.

Ich hoffe, ich darf nach Pfingsten immer noch um den Heiligen Geist beten …
… dann wünsche ich mir den Geist des Vertrauens, des Zutrauens und des Verständnisses.

Wenn mich jemand fragt, was wir als Gesellschaft für uns nach der Pandemie behalten sollten, dann wäre das vielleicht ein guter Anfang.

## Nachtrag zu Fronleichnam: Über das Protestieren für die Gottesliebe

Immer wieder und aus unterschiedlichen Gründen gehen Menschen auf die Straße, um zu protestieren und für ihre Überzeugung einzustehen, für den Klimaschutz, für Gleichberechtigung, gegen politische Entscheidungen …

Einmal im Jahr gehen auch die Katholiken gemeinsam auf die Straße.
Einmal im Jahr werden die Katholiken zu Protestanten.
Einmal im Jahr … an Fronleichnam.
Einmal im Jahr …, aber dieses Jahr war alles anders. Wie so vieles.

Erst seit wenigen Tagen und Wochen gibt es überhaupt wieder Gottesdienste, aber natürlich mit gebührendem Abstand, Hygienevorschriften und beschränkter Besucherzahl. Deswegen gab es in diesem Jahr an vielen Orten leider auch keine großen gemeinsamen Gottesdienste, und es gab auch keine Fronleichnamsdemo bzw. Fronleichnamsprozession.

Normalerweise tragen wir an diesem Tag Gott in Form der geweihten Hostie in einer Monstranz durch die Straßen. Dies soll ein Zeichen dafür sein, dass wir nicht für uns bleiben, sondern hinausgehen und zeigen, dass Gott da ist und wir da sind. Dafür gradezustehen, dass wir Christ*innen sind, und dadurch öffentlich zu zeigen, dass wir in Beziehung zu Gott leben und diese Beziehung eine Auswirkung auf unseren Lebensweg hat, dass uns Gottes-, Nächsten-, Feindes- und Selbstliebe nicht egal sind, auch wenn diese immer wieder schwer sind. Vielleicht ist dieser

Tag normalerweise auch gut dafür, sich genau darin bestärken zu lassen. Alle Menschen Gott hinterhergehen zu lassen und nicht zu fragen, ob sie auf diesen Weg passen oder nicht …

… und genau das ist der springende Punkt:
Es geht bei einer Demo, einem Protest oder einer (Fronleichnams-)Prozession um viel mehr als nur um einen „Spaziergang“ auf der Straße und um viel mehr als nur darum, in einem Moment ein Schild oder eine Monstranz hochzuhalten.

- *Es geht immer gleichzeitig darum, dass wir als Christ*innen in unserem Alltag zeigen und beweisen müssen, ob wir wirklich glauben, dass Gott alle Menschen gleich liebt, egal, welcher Hautfarbe, Religion, sexueller Orientierung und was es an Unterschieden sonst noch gibt.*
- *Es geht immer gleichzeitig darum, dass wir in unserem Alltag zeigen und beweisen können, dass wir in unserem Sprechen und Handeln vorurteilsfrei mit unseren Mitmenschen umgehen.*
- *Und es geht immer gleichzeitig darum, dass wir in unserem Alltag zeigen und beweisen dürfen, wie Gott uns durch Glauben, Hoffen und Lieben vorangeht und wir hinterhergehen und uns daran ein Beispiel nehmen.*

Die Prozession ist in diesem Jahr ausgefallen, aber der wesentlich wichtigere Teil danach nicht.

## Fronleichnam heißt …

Fronleichnam heißt …
Gott auf der Spur zu bleiben
durch alle Fastenfragezeiten und Coronawüsten
durch alle Gaben und Aufgaben hindurch
durch alle Sintfluteinsamkeit und Osterbegegnungszeiten

Fronleichnam heißt …
Gott nachzufolgen
auf allen Kreuzwegen und Emmauspfaden
auf geisterfüllten Nebenstraßen
auf Umwegen und scheinbaren Sackgassen

Fronleichnam heißt …
Gott zu erkennen
in einem Bissen Brot und einem Schluck Wein
am beschämenden und am erlösenden Kohlefeuer
im kürzesten Wort und in der kleinsten Berührung

Fronleichnam heißt …
Gott im Blick zu behalten
egal was war
egal was ist
egal was kommt

Fronleichnam heißt …
Gott nicht nur an einem Vormittag
fromm und betend nachzugehen
sondern in jedem Schritt
an jedem Tag

im Schweigen und Sprechen
im Jubeln und Weinen
in Trost und Trostlosigkeit
ER geht mit mir und ich mit IHM
heute und immer

## Besondere Tage und besondere Daten

*Eigentlich ist die Fasten- und Osterzeit sehr flexibel.*
*Die Zeit an sich ist natürlich immer gleich lang, aber wann die Zeit beginnt und wann sie endet ist jedes Jahr ein bisschen anders.*

*Darüber hinaus gibt es aber natürlich auch Feste und Daten, die fest im Jahreskreis verankert sind und die sich nicht darum scheren, ob sie gerade in einer geprägten Zeit liegen oder nicht.*
*Dadurch war es natürlich auch nicht möglich, diese Tage einfach einer Fasten- oder Osterwoche zuzuordnen, da diese in jedem Jahr anders liegen.*

*Vier solcher Tage nimmt das folgende kurze Kapitel in den Blick und lädt dazu ein, diesen verankerten Tagen und den dazugehörigen Festen und Texten ihre Aufmerksamkeit zu schenken.*

## 19. März: Über die Wege des Träumens

Heute ist Josephstag.
Früher war das für viele Menschen ein wichtiger Feiertag. Heute ist es eher still um diesen Tag geworden. Vielleicht passt er aber dadurch viel besser zum heiligen Joseph. Dieser stumme Mann, der nicht ein einziges Wort in der Bibel spricht, der seinen Träumen vertraute und folgte und von dem irgendwann einfach nicht mehr gesprochen wird und der dann nicht mehr da ist.

Gutes Stichwort, denn genau von diesem träumenden, stillen und vertrauenden Joseph erzählt mir das heutige Evangelium. Von Joseph, der Maria, die ohne sein Zutun Schwangere, verlassen will und dem im Traum ein Engel erscheint (Mt 1,16–18.21.24a). Später wird ihn dieser Engel nochmals heimsuchen, und die junge Familie erlebt deswegen gleich das Flüchtlingsdasein (Mt 2,13–15).

Ein guter Freund hat mir neulich von folgender Interpretation der Träume im Matthäusevangelium erzählt:
Durch das Vertrauen der Menschen in die Träume kann Jesus (sicher) in die Welt kommen.
Die Frau des Pilatus ist am Schluss des Matthäusevangeliums (Mt 27,19) auch eine Träumende. Ihrem Traum wird kein Gehör geschenkt und so stirbt Jesus.
Spannend.

Vielleicht sollte ich jetzt in diesen Tagen, wo es auch stiller geworden ist, auf meine Träume achten. Ich bin mir nicht sicher, ob es dabei immer gleich um Leben und Tod

geht, und meist erinnere ich mich nicht wirklich an meine Träume, aber ich weiß oft, dass ich geträumt habe.
Wenn ich träume, ist das meist ein gutes Zeichen, denn bei mir bedeutet es, dass ich entspannt bin. Im Urlaub und bei Exerzitien träume ich z. B. meistens viel.
Wenn ich gestresst bin, falle ich ins Bett und träume oft nichts.

Vielleicht sind diese Tage gut, um zu träumen und Gott auch dadurch eine Möglichkeit zu geben, in meine Welt zu kommen. Es geht eben nicht immer nur darum, was ich sage oder tue, sondern genauso darum, wo ich einfach nur den Raum lasse, dass etwas geschehen kann.
So wie bei Joseph.
So wie heute an diesem stillen Feiertag.

## 25. März: Über die Weihnachtsvorschau

In neun Monaten ist endlich wieder Weihnachten!
Wer denkt jetzt schon an Weihnachten?
Aber vielleicht ist es gerade in diesen Tagen wichtig, nicht nur vorausschauend auf Infektionszahlenentwicklungen zu schauen oder auf all das Kleine und Große, was uns sonst in unserem täglichen Leben verunsichert und besorgt, sondern auch auf das, was wir glauben und hoffen: dass unverhofft ein Wort vieles ändern kann!

### verkündigung

ein wort wird eingepflanzt
mitten in die enge meiner tage

lässt alles eingezwängte
aus dem rahmen fallen

gibt mehr fragen als antworten
doch lässt etwas aufkeimen

ob es den rahmen zurückrückt
oder ein neues bild beginnt

ich weiß es nicht
aber ich sage JA dazu

denn ich glaube
für GOTT ist nichts unmöglich

## 1. Mai: Über unnormale Umstände

In der Fastenzeit lief mir der heilige Joseph schon einmal über den Weg.
Jetzt kreuzen sich unsere Wege in der Osterzeit noch einmal, doch sein zweiter Gedenktag versteckt sich hinter einem gesetzlichen Feiertag, und doch passen diese Tage so gut zusammen.
1. Mai: Tag der Arbeit
1. Mai: Gedenktag Josef, der Arbeiter

Unter normalen Umständen ist das ein Tag, an dem viele Menschen sich treffen, spazieren gehen und wandern, Bier trinken und reden und (so absurd das auch klingt) den Tag der Arbeit als arbeitsfreien Tag genießen.
Unter normalen Umständen …
Die normalen Arbeitsumstände heißen aber gerade Homeoffice und Kurzarbeit, und die Maiwanderungsumstände erzählen mehr von Abstandsregeln und vom Zuhausebleiben.
Das ist so eine Sache mit den normalen Umständen …

Unter normalen Umständen hätte dieser einfache Zimmermann Josef, der mit Maria verlobt war, seine Frau verlassen.
Er hätte sie verlassen müssen.
Das jüdische Gesetz wollte es so.
Die Gesellschaft wollte es so.
Die Frage war nicht, ob er sie verlässt, sondern nur, wie er sie verlässt.

Aber dann kam ein Engel, der ihn im Herzen anrührte, ihm eine neue Möglichkeit aufzeigte und ihn bestärkte, unter den veränderten Umständen zu leben.

Normale Umstände gibt es gerade nicht.
Nicht für mich persönlich, nicht für unsere Gesellschaft, nicht für unsere Welt.

Vielleicht ist der heilige Joseph ein guter Begleiter für die unnormalen und außergewöhnlichen Umstände, weil er selbst Erfahrungen damit gemacht hat, wenn die Dinge anders laufen als geplant.
Vielleicht ist er auch jetzt gerade ein Begleiter und Fürsprecher, wo die Erwerbsarbeit für viele so anders geworden ist oder sogar bedroht ist.
Und vielleicht ist er gerade jetzt ein guter Begleiter, wo viele Menschen sich alleine und einsam fühlen, weil ich mir vorstellen kann, dass er die Einsamkeit und Hilflosigkeit auf seine Weise auch erlebt hat.

## 8. Mai: Über Krieg, Frieden, Gott und die Welt

„Nie wieder Krieg!“
Das hört sich so einfach an.
Ist es aber nicht. Gerade heute denken wir daran.
Heute am Tag der Befreiung.
Heute an einem Tag, an dem noch Menschen davon erzählen können, was damals geschah und wie es war bei den fürchterlichen Luftangriffen, bei den unmenschlichen Kämpfen an der Front und in der schrecklichen Gottverlassenheit der Konzentrationslager,
wie es war, Angst zu haben und Hunger und hoffentlich auch ein wenig Hoffnung.
Aber was ist, wenn niemand mehr da ist, der davon erzählen kann?
Wenn wir diese Welt einfach all den Vollpfosten, den Geschichtsvergessenen und den Einfachen-Wahrheiten-Gläubigen überlassen …
Gott bewahre.
Aber was ist, wenn niemand mehr da ist, der davon erzählen kann?
Dann erzählen wir es weiter. Du und ich.
Zeigen die alten Bilder und tragen jeden Tag die überschwängliche Freude und die schwarzbrotalltägliche Last, das Wundervolle und das manchmal Anstrengende an unserer Demokratie, unserer Freiheit und an unserer Vielfalt in die Weiten der Welt hinaus.

„Gott liebt dich.“
Das hört sich so einfach an.
Ist es aber nicht. Sonntags denken wir daran.

Am Tag der Befreiung vor dem Tod.

Schon lange gibt es keine Augenzeugen mehr, die erzählen können, was damals geschehen ist und wie es war mit Jesus auf dem stürmenden See, bei den Bergworten und in den Höhen und Tiefen in der heiligen Stadt Jerusalem, wie es war, Hoffnung zu haben und Hoffnungsbrot und Hoffnung weit über das Leben hinaus.

Aber was ist, wenn niemand mehr da ist, der davon erzählen kann?

Wenn wir diese Welt einfach all den Hoffnungslosen, den Egotrippern und den bigottischen Selbstverachter*innen überlassen …

Gott bewahre.

Aber was ist, wenn niemand mehr da ist, der davon erzählen kann?

Dann erzählen wir es weiter. Du und ich.

Erzählen die alten Geschichten und tragen jeden Tag die überschwängliche Freude und die schwarzbrotalltägliche Last, das Wundervolle und das manchmal Anstrengende an unserem Glauben, unserer Freiheit und an unserer Vielfalt in die Weiten der Welt hinaus.

## Nachwort:
## Zu guter Letzt nochmals unruhige Ostern

Nach Pfingsten konnten wieder die ersten Gottesdienste gefeiert werden, und inzwischen hat sich einiges wieder eingespielt. Hier – wie an vielen anderen Orten des öffentlichen Lebens auch – begleitet uns aber weiterhin diese sagenumwobene „neue Normalität".
Ordner*innen, Masken, Desinfektionsmittel, Abstände, kein Singen … überall ist es ein wenig anders, normal ist es aber noch nirgends.
Die Veränderungen sind nicht jedermanns und jederfraus Sache, das gebe ich zu, aber es ist, wie es ist …
… und es bleibt ja dabei: Veränderung ist nicht immer einfach.
In dieser Situation nehme ich leider wahr, wie sich auch eine bestimmte Form der Unruhe ausbreitet, eine Unruhe, die ich sowohl bei Kirchengemeindemitgliedern als auch bei Bischöfen und vielen „dazwischen" wahrnehme, aber sie ist alles andere als österlich …
In dieser Unruhe äußert sich die dringende Aufforderung, möglichst schnell wieder zur alten Normalität zu kommen, will sagen: zum Singen, Feiern ohne Abstand, ohne Anmeldungen …
Die Angst hinter dieser Unruhe ist …:
Was ist, wenn viele Menschen nicht mehr zu uns zurückkommen?
Was ist, wenn sich viele Menschen dahingehend einrichten, sonntagmorgens im besten Fall die Messe im Fernsehen anzuschauen und im schlechtesten Fall ihrem freien Sonntag einfach seinen Lauf zu lassen?

Was ist, wenn viele Menschen merken könnten, dass ihnen nichts fehlt, wenn sie nicht den Sonntagsgottesdienst mitgefeiert haben?
Ja, was ist dann …?
Dann sollten wir uns einmal ernsthaft fragen, was wir tun und warum wir es tun und wie wir es tun und wofür wir eigentlich da sind.
Wenn all unsere Bemühungen nur darauf aufbauen, dass Menschen aus Gewohnheit zu uns in die Kirche kommen, dann haben wir schon verloren!
Wenn wir nicht glauben, dass wir als Kirche etwas zu bieten haben, was die Menschen brauchen, dann haben wir schon verloren.
Wenn wir nicht glauben und vertrauen, dass Gott in jedem Menschen innewohnt und wir erst einmal nur da sind, diesem sehnsuchtsvollen Innewohnen einen guten, ansprechenden und dienlichen Raum zu schaffen, dann haben wir schon verloren!
Wenn wir aus Angst handeln, dann haben wir schon verloren!

Ich glaube, hoffe und liebe,
dass wir noch nicht verloren haben,
dass ängstliche Unruhe ein schlechter Berater ist und österliche Unruhe guttut
und dass es immer noch Menschen gibt, die Sehnsüchte haben, Gott aufspüren wollen, erleben wollen, dass sie angenommen sind, Hilfe und Hoffnung brauchen, ein offenes Ohr suchen, im Kreuz von Karfreitag ihr eigenes Leid erkennen und im leeren Grab eine Hoffnung finden, die sie weit über Leben und Tod hinweg tragen kann.

Ja, ich glaube, hoffe und liebe, dass wir als Kirche genau in all dem immer noch etwas zu bieten haben.

Deswegen:
*Weg mit all der ängstlichen Unruhe, die braucht niemand.*
*Und fragen wir uns lieber in österlicher Unruhe, was wir tun und warum wir es tun und wie wir es tun und wofür wir eigentlich da sind.*

## Danksagung

*Dieses Buch ist aus vielen Begegnungen mit verschiedensten Menschen erwachsen. Begegnungen, die mich über alle Abstände hinweg in meinem Glauben, Hoffen und Lieben auf Gott hin inspiriert haben, der selbst in all dem immer leise und fortwährend mitgegangen ist.*

*Deshalb bin ich Euch und Ihnen und Gott für all diese Begegnungen sehr dankbar.*
*Neben den flüchtigen Begegnungen gibt es aber auch Menschen, denen ich dezidiert für die gemeinsam gegangenen Wege der vergangenen Monate danken möchte:*

*Danke, Tobi, für dein freundschaftliches, mitbrüderliches und geduldiges Mitgehen.*

*Danke, Peter, für dein offenes Ohr, dein offenes Herz und deinen österlichen Mut!*

*Danke, Felipe, für das Teilen von Glaube, Sorge, Hoffnung und Gebet.*

*Danke, Mama und Papa, ihr habt den Grund gelegt für alles, was ich bin.*

*Und last, but not least: Danke dem Echter Verlag für das Vertrauen und darin besonders Herrn Heribert Handwerk für sein geduldiges und gewissenhaftes Lektorieren.*

Bibliografische Information der Deutschen Nationalbibliothek

Die Deutsche Nationalbibliothek verzeichnet diese Publikation in der Deutschen Nationalbibliografie; detaillierte bibliografische Daten sind im Internet über ‹http://dnb.d-nb.de› abrufbar.

1. Auflage 2021

www.echter.de

Umschlag: wunderlichundweigand.de
(Umschlagbild: © Qweek/iStock.com)
Innengestaltung: Crossmediabureau, Gerolzhofen
Druck und Bindung: CPI-books, Clausen & Bosse, Leck

ISBN 978-3-429-05612-4